# DaF-Palette 8

## Präpositionen



A2 – B2

Eleni Frangou

Hueber

3. Auflage 2025


**www.karabatos.gr**
Verlagsredaktion: Manuela Georgiakaki, Athen; Maria Papadopoulou, Athen
Illustrationen: Elina Steletari, Thessaloniki
Umschlaggestaltung: Christina Aliverti, Athen
Layout und Herstellung: Oliver Riedel, Athen

Printed in Greece
ISBN 978-960-465-114-6 | dt. ISBN 978-3-19-281684-0

# Inhaltsverzeichnis

## Bildquellen

Seite 16: © jcomp / Freepik.com

Seite 56: a © Vince Fleming / Unsplash; b, e: © Pixabay; c © Brett Sayles / Pexels; d © Alfie Sta / Pexels

Seite 57: f © Jonathan Borba / Unsplash; g © Pixabay; h © Norbert Schnitzler / wikipedia (cc) CC BY-SA 3.0; i © Baharam Bayat / Unsplash

Seite 61: © Freepik.com

Seite 62: e © Pexels; f © Jess Loiterton / Unsplash

Seite 66: © Unsplash

Seite 67: Enten, Badender: © Freepik.com; Segelboote: © Pexels

Seite 68: Sydney: © Pixabay; Strand: © Mikhail Nilov / Pexels; Köln: © Pexels

Seite 69: Nordsee, Bodensee: © Pixabay; Lauenburgische Seen: © Volker Merl / wikipedia (cc) CC BY-SA 3.0

Seite 70: a © Tatiana Syrikova / Pexels; b © Markus Turnbo / Pexels; c © Rahel Claire / Pexels; d © Anastasia Shuraeva / Pexels

Seite 71: e © Rahel Claire / Pexels; f © Zukiman Mohamad / Pexels; g © Alex Andrews / Pexels; h © Tatiana Syrikova / Pexels

Seite 80: © Jackie Jabson / Pexels

Seite 96, 97: Gebäude: © Freepik.com

Seite 99: © Arbalete / wikipedia (cc) CC BY-SA 4.0

Seite 106: a © Guduru Ajay / Pexels; b © Alexey Dimidov / Pexels; c © Cepté Cormani / Pexels; d © Rahel Claire / Pexels; e © Freepik.com; f © Edwin Vossen / Pexels

Seite 111: © Freepik.com

Seite 114: a, b, d, g: © Freepik.com; c © Pexels; e © Mika Baumeister / Unsplash; f © Pixabay

Seite 115: a © Melina Kiefer / Unsplash; b © wikipedia (cc) CC BY-SA 3.0; c © Pexels; d © Freepik.com; e © Armin Rimoldi / Pexels; f © Helena Lopez / Pexels

# 1 Temporale Präpositionen

Temporale Präpositionen zeigen, wann etwas passiert oder wie lange es dauert.

Zeitpunkt (wann?):
Um 12.10 Uhr landet das Flugzeug.
Am Samstag gehe ich aus.

Zeitspanne (wie lange?):
Während der langweiligen Deutschstunde habe ich gechattet.
In 20 Minuten hat er die Aufgabe gemacht.

Viele temporale Präpositionen kann man auch in lokaler Bedeutung verwenden.

Zeitpunkt (wann?):
Anna hat **im** Juli Geburtstag.

Ort (wo?):
Herr und Frau Meyer treffen sich mit Freunden **im** Restaurant „Ritter".

Fast alle temporalen Präpositionen verwendet man mit dem Dativ.
**Am** (= An dem) Montag gehe ich schwimmen.
Wir haben zweimal **in der** Woche Deutsch.

Manchmal verwendet man temporale Präpositionen ohne Artikel.
Der Unterricht beginnt **um** 8.30 Uhr.

## 1.1. Zeitpunkt

**in**

***in* + Dativ** verwendet man mit:

- Wochen:
  Einmal **in der Woche** spiele ich Tennis.

- Monaten:
  **Im April** ist Ostern.
  Kim reitet zweimal **im Monat**.

- Jahreszeiten:
  **Im Sommer** ist es in Athen immer heiß.

- Jahren:
  Ich mache mehrmals **im Jahr** eine Reise.
  Komm uns doch **im** nächsten **Jahr** besuchen.
  **Im Jahr** 2026 ist Anna mit dem Studium fertig.

⚠ Ohne das Nomen *Jahr* steht die Jahreszahl ohne Präposition.
**2026** ist Anna mit dem Studium fertig.
Ich bin **2005** in Rom geboren.

- den Nomen *Ferien* und *Urlaub*:
  Wir haben **in den Ferien** oft Besuch.
  **In den** Weihnachts**ferien** bleiben wir zu Hause.
  Wohin fahren wir **im Urlaub**?

- den Nomen *Alter* und *Zeit*:
  **In** dein**em Alter** solltest du arbeiten oder studieren.
  **In** mein**er** Frei**zeit** spiele ich Volleyball.

Man verwendet ***in*** **+ Dativ** auch für die Zukunft, um zu sagen, wann etwas passiert.
Ich komme **in** ein**er** Stunde.
**In** zwei **Tagen** wird das Paket hier sein.

**vor**

***vor*** **+ Dativ**
**Vor dem** Essen wasche ich mir die Hände.

Der Artikel kann auch wegfallen, wenn das Nomen ohne Artikel verwendet wird.
Wir erwarten meine Eltern **vor** Weihnachten.

**nach**

***nach*** **+ Dativ**
Gestern bin ich **nach der** Arbeit zu Lukas gegangen.

**mit**

***mit*** **+ Dativ** verwendet man mit dem Alter.
Meine Großmutter hat **mit** 18 geheiratet.

## 1 Ergänzen Sie *nach*, *vor* oder *in*.

a) ● Wann wirst du endlich fertig?
   ■ _____ zehn Minuten.

b) _____ dem Essen ist es gefährlich zu schwimmen.

c) _____ drei Jahren hat meine Cousine ihr zweites Kind bekommen.

d) Tim hat _____ jeder Prüfung viel Stress.

e) _____ einer halben Stunde fängt die Vorstellung an.

f) ● Mama, ich möchte Schokolade!
   ■ Jetzt nicht. Erst _____ dem Mittagessen.

## 2 Ergänzen Sie *in*, *im* oder *mit*.

Hallo! Ich heiße Julia Bock. Ich bin 16 und geh' aufs Gymnasium. Wisst ihr, ich hab' mit meinen Eltern Glück. Seit meinem 15. Geburtstag verbieten sie mir eigentlich nicht viel. Sie verstehen es, wenn ich sage, dass ich mich _____ meiner Freizeit und _____ den Ferien richtig unterhalten will. Sie sind natürlich sicher, ich mache keinen Unsinn.
Oma ärgert sich und meint, ich darf _____ meinem Alter nicht auf Partys gehen. Ein Mädchen _____ dem Alter, meint sie, soll abends nicht so lange wegbleiben. Aber ich sage ihr immer, wir leben nicht _____ Jahr 1850. Und wenn ich _____ 16 nicht ein bisschen Spaß habe, wann denn?

## 3 Ergänzen Sie – wo nötig – die Präpositionen und die Artikel.

Hallo! Ich bin Daniel Thiede und wohne in Wien. Ich bin ________ 2005 geboren, ________ Januar. Ich treibe gern Sport. ________ Winter fahre ich Ski und ________ Sommer schwimme ich gern. Einmal ________ Woche spiele ich Tennis. Und ________ nächsten Jahr möchte ich einen Karate-Kurs machen. Mal sehen …

## 4 Ergänzen Sie *in* mit dem Artikel oder der passenden Endung.

Einmal ____________ Monat, zweimal ____________ Woche, ____________ Herbst, ____________ Juli, ____________ Urlaub, ____________ ein____ Stunde, ____________ unser____ Freizeit, ____________ dein____ Alter, viermal ____________ Jahr.

## 1.2. Uhrzeit, Tag, Tageszeit, Fest

Für die Uhrzeit verwendet man *um* und *gegen* ohne Artikel.

**um**

- für den genauen Zeitpunkt:
  Die Maschine ist **um** 12.43 Uhr in Wien gelandet.

- mit dem Nomen *Mitternacht* (= 24.00 Uhr):
  **Um Mitternacht** wacht Dracula auf.

**gegen**

für einen ungefähren Zeitpunkt

● Um wie viel Uhr gehst du einkaufen? ■ So **gegen** eins. (= vielleicht um zehn vor eins, vielleicht um fünf nach eins.)

**Gegen Mittag** kommt meine Freundin.
**Gegen Ende** des Fußballspiels schoss er endlich ein Tor.

⚠ Verwechseln Sie die Nomen *Uhr* und *Stunde* nicht.
Das Seminar beginnt um 8.00 **Uhr**. Es dauert drei **Stunden**.

**an**

*an* + **Dativ** verwendet man mit:

- Tagen:
  **Am** Dienstag muss ich zum Zahnarzt.
  **An** ein**em** kalten Novembertag ist unsere Tochter geboren.
  Ein Hund muss dreimal **am** Tag raus.

- Daten:
  Jan hat **am** 12. Februar Geburtstag.

- dem Nomen *Wochenende*:
  Wir machen **am Wochenende** einen Ausflug.

- Tageszeiten:
  Ich sehe meistens **am** Abend fern.

⚠ Aber: **in der Nacht**

**zu**

Man verwendet *zu* ohne Artikel vor Festen:
**Zu** Weihnachten bekommt Marcel ein Skateboard.
Wir wollen **zu** Ostern eine Reise machen.

⚠ Aber: vor *Geburtstag* steht *zum (= zu dem).*
Was möchtest du **zum Geburtstag** machen?

## 5 Ergänzen Sie *in der*, *am*, *zu* oder *zum*.

__________ Sonntag, __________ 28. Februar,
__________ Nacht, __________ Vormittag,
__________ Pfingsten, __________ Karneval,
__________ Geburtstag, __________ dritten Tag,
__________ Morgen, __________ Wochenende

## 6 Streichen Sie durch, was nicht passt.

a) **am** Montag, Monat, Wochenende
b) **um** Nacht, halb eins, Mitternacht
c) **gegen** Abend, sieben Uhr, Geburtstag
d) **zu** Silvester, Weihnachten, Donnerstag

## 7 Ergänzen Sie die Präpositionen.

a)

____________ 12.00 Uhr

b)

____________ 12.00 Uhr

c)

____________ 12. Juli

d)

____________ Ostern

## 8 Antworten Sie auf die Fragen und verwenden Sie Präpositionen.

a) Wann gehen Sie gewöhnlich ins Kino?

*Am Samstag.*

b) Wann beginnen Sie morgens mit der Arbeit?

________________________

c) Wann haben Sie Deutsch?

________________________

d) Wann kommt der Weihnachtsmann?

________________________

e) Wann gehen Sie abends ins Bett?

________________________

## 1.3. Zeitdauer

**seit**

***seit* + Dativ**
Frau Blei wohnt **seit** ein**em** Jahr in Berlin.

⚠ *Seit* drückt aus, dass etwas in der Vergangenheit begonnen hat und bis jetzt andauert. Deshalb kann im Satz oben *seit* zwar mit *wohnen* verwendet werden, aber nicht mit *umziehen*, denn Frau Blei zieht nicht ein Jahr lang um. Mit *umziehen* kann man *vor* verwenden.

▶ mehr dazu im Kapitel 1.1., Seite 8

Frau Blei ist **vor** einem Jahr umgezogen.

**ab**

***ab* + Dativ** zeigt, wann etwas beginnt, und bezieht sich auf die Gegenwart oder die Zukunft.
**Ab** heute mache ich jeden Tag Gymnastik.
**Ab dem** vierten August haben Herr und Frau Bauer Urlaub.

⚠ Wenn *ab* bei einem Nomen ohne Artikel steht, kann man *ab* mit Akkusativ oder Dativ verwenden.
**Ab** nächst**en** / nächst**em** Montag arbeite ich in München.

**von … bis**

***von … bis*** verwendet man oft ohne Artikel.
Dienstags habe ich **von** 17.00 **bis** 19.00 Uhr Training.
**Von** Juli **bis** Mitte August haben die Kinder Sommerferien.

⚠ Bei Nomen mit Artikel verwenden wir ***von* + Dativ … *bis zu* + Dativ**.
Lena bleibt **vom** 25. April **bis zum** 10. Mai bei uns.
**Vom** Morgen **bis zum** Abend sitzt Sarah am Computer.

### über

***über* + Akkusativ** = mehr als
Der Film hat **über eine** Stunde gedauert.

Mit Nomen wie *Wochenende* oder mit Feiertagen kann *über* auch ausdrücken, wie lange etwas dauert.
Ich lese das Buch **übers Wochenende**.
**Über Weihnachten** fahren wir zum Skilaufen in die Alpen.

### während

Diese Präposition kann mit **Genitiv** oder **Dativ** stehen.
**Während des** Basketballspiels waren wir sehr aufgeregt.
Trinken Sie bitte **während dem** Seminar keinen Kaffee.

### bei

***bei* + Dativ**
**Beim** Essen sprechen wir wenig.
**Beim** Lernen sollte man keine Nachrichten hören.

### für

***für* + Akkusativ** gibt einen bestimmten, begrenzten Zeitraum an.
Meine Freundin geht **für zwei Jahre** ins Ausland.

⚠ *Für* verwendet man nicht für eine Zeitspanne in der Vergangenheit.
Letztes Jahr war ich zwei Wochen (lang) auf Kreta.

### innerhalb von

***innerhalb von* + Dativ** verwendet man meistens mit den Nomen *Stunde, Tag, Woche, Monat* oder *Jahr*.
Sie müssen **innerhalb von zwei Wochen** mit dieser Arbeit fertig werden.

### zwischen

***zwischen* + Dativ** verwendet man für einen Zeitraum mit zwei festen Grenzen.
Die Firma bleibt **zwischen dem** 1. und **dem** 15. August geschlossen.

**9** **Ergänzen Sie *während, von … bis, von … bis zu*. Achten Sie auf die Bilder.**

a)

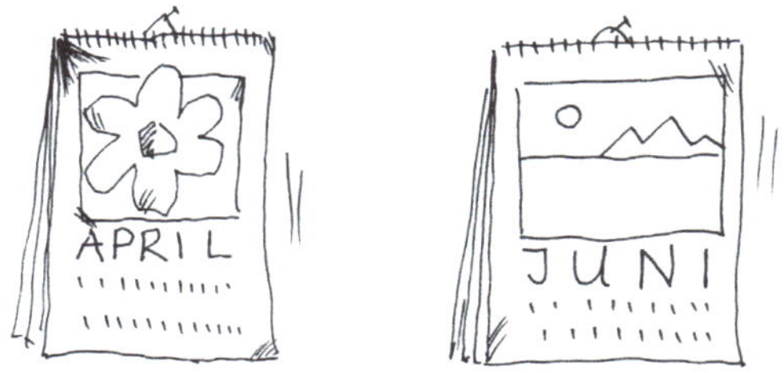


Frau Sauer muss ______________ April ______________ Juni Diät machen.

b)

Wir sind ______________ 28. Mai ______________ 6. Juni in Rom.

c)

______________ des Mittagessens liest Herr Kohle die Zeitung.

d)

Das Fußballspiel Barcelona gegen Manchester United dauert ______________ 20.00 ______________ 21.45 Uhr.

e)

Lea ist gestern __________ der Geografiestunde eingeschlafen.

## 10 Ergänzen Sie die Präpositionen wie im Beispiel.

a) sechs Tage lang = ___von___ Montag ___bis___ Samstag
b) bei der Fahrt = __________ der Fahrt
c) drei Monate lang = __________ Februar __________ April
d) drei Wochen = __________ dem 2. und dem 23. Oktober

## 11 Ergänzen Sie *seit*, *ab*, *zwischen* oder *während*.

Theo wohnt in Berlin und ist 22. Nach der Schule hat er ein Jahr lang als Kellner gearbeitet und Geld für eine Weltreise gespart. Er ist nun __________ fast zwei Jahren unterwegs und hat schon über 15 Länder besucht und dort auch gearbeitet. __________ seiner Reise hat er viele Leute und Kulturen kennengelernt, aber auch viele Schwierigkeiten gehabt. Trotzdem hat es ihm großen Spaß gemacht!
Nächste Woche kommt er nach Griechenland und er wohnt __________ dem 16. und dem 30. August bei seinem griechischen Freund Jannis auf Korfu. Dann fliegt er wieder nach Hause. Denn __________ September will er studieren.

## 12 Ergänzen Sie die Präpositionen und – wo nötig – die Artikel und Endungen.

a) Meine beste Freundin studiert schon ______________ ein_____ Jahr in Hamburg.

b) Herr Bock raucht ______________ ______________ Arbeit viel, weil er Stress hat.

c) Niklas will nach der Schule ______________ ein_____ Jahr im Ausland arbeiten.

d) ______________ drei Tage_____ kann unser Sohn schwimmen.

e) Was? Wir sollen ______________ Wochenende alle Präpositionen wiederholen?? Das geht ______________ ______________ zwei Tage_____ einfach nicht!!

f) Lisa sieht mittags ______________ 13.00 ______________ 14.00 Uhr fern.

g) Du, der Film von gestern war total langweilig. Und er hat ______________ drei Stunden gedauert!!

h) Meine Schwester sagt mir jeden Montag: „______________ heute mache ich Diät!"

## 1.4. Übersicht

| | Wann? | Beispiel |
|---|---|---|
| Zeit | um<br>gegen | um 8 Uhr<br>gegen 8 Uhr |
| Tage | an + D | am Dienstag |
| Daten | an + D | am 12. Februar |
| Wochen | in + D | in der Woche |
| Monate | in + D | im April<br>im Monat |
| Jahreszeiten | in + D | im Sommer<br>in dieser Jahreszeit |
| Jahre | in + D | im Jahr<br>im Jahr 2020 |
| Feste | zu | zu Weihnachten<br>zu Ostern |
| Ferien, Urlaub<br>Alter<br>Zeit | in + D | in den Ferien, im Urlaub<br>in deinem Alter<br>in meiner Freizeit |

# 2 Personen

**Hier geht es um die wichtigsten Präpositionen, die man für und mit Personen gebraucht.**

Anna und Philipp wohnen im Juli bei ihrer Großmutter auf dem Land.
Wir müssen unsere Katze zum Tierarzt bringen.
Um wie viel Uhr kommst du von deiner Freundin zurück?
Ich habe dieses Buch für meinen Freund gekauft.
Der Nachbar spielt oft mit seinen Freunden Fußball.

Einige Personen verwendet man meist ohne Artikel.

- Vornamen (*Anna, Philipp, …*)

- Verwandte (*Mama, Opa, Tante Eva, …*)

  ⚠ Achtung! Das gilt nicht für Gruppen von Verwandten (*die Geschwister, die Eltern, die Großeltern*)

- *Herr, Frau, Familie* mit dem Nachnamen. *Herr Wegner, Frau Wegner, Familie Wegner* usw.

Deshalb werden dann auch die Präpositionen ohne Artikel verwendet.

Ich gehe gleich **zu** Katharina.
Am Sonntag wollen wir **zu** Onkel Lars gehen.
Als ich in Deutschland war, wohnte ich **bei** Familie Klein.

## bei

***bei* + Dativ** verwendet man, wenn man bei einer Person ist (*zu Hause, in ihrem/seinem Büro* usw.) oder wenn man bei dieser Person wohnt. Die Präposition *bei* wird dann nur bei Verben verwendet, die keine Bewegung ausdrücken.

Laura ist **bei** ihr**er** Tante im Krankenhaus.
Essen wir heute Mittag **bei** Oma?
Letzten Sommer habe ich einen Monat **bei** Tante Jasmin in Zürich gewohnt.

**zu**

*zu* + **Dativ** verwendet man, wenn man zu einer Person, zu ihr nach Hause oder zu ihrem Arbeitsplatz usw. geht.

Das kleine Kind läuft **zu** seiner Mutter.
Ich gehe morgen **zum** Zahnarzt.
Am Nachmittag gehe ich **zu** Marie.
Wann kommst du endlich **zu** mir?

**von**

*von* + **Dativ** verwendet man, wenn man von einer Person zurückkommt.

Alexander kommt gleich **vom** (= von dem) Bäcker und bringt Kuchen.
Um wie viel Uhr kommst du **von** Michelle zurück?

Man verwendet *von* auch, wenn man etwas von einer Person bekommt.
Diese Karte ist **von** Tante Luisa.
**Von wem** hast du das Geld für das neue Auto bekommen?

⚠ Achtung: *Haus(e)*

▶ mehr dazu im Kapitel 6.1., Seite 85

● Kommst du gerade von der Arbeit?
■ Nein, ich komme **von zu Hause**.

**für**

*für* + **Akkusativ**
Ich habe **für** meine Mutter Blumen gekauft.
● **Für wen** ist das Buch? ■ **Für einen** Freund.

**mit**

***mit* + Dativ**

Morgen gehe ich **mit** Annika ins Kino.
Ich fahre **mit** mein**en** Freunde**n** in Urlaub.

⚠ Achten Sie auf den Unterschied zwischen *mit* und *bei*.
Mein Bruder studiert in London und wohnt **mit** einem Freund (= Mein Bruder und der Freund haben zusammen eine Wohnung.)
In den Ferien wohnt Felix **bei** einem Freund auf Samos. (= Der Freund hat ein Haus und Felix ist dort für kurze Zeit Gast.)

**ohne**

***ohne* + Akkusativ**

Herr und Frau Berger gehen manchmal **ohne** ihre Kinder aus.
Ich kann **ohne dich** nicht leben, mein Liebling!

## 13 Ergänzen Sie die bestimmten Artikel und die Endungen, wo nötig.

a) Ich bin ...
bei ______________ Tante Erika, bei mein_____ Onkel, bei ______________ Ärztin, bei mein_____ Freunde_____, bei ______________ Familie Mann.

b) Wir gehen ... ins Theater.
mit unser_____ Freund, mit ______________ Sarah, mit ______________ Frau Müller, mit unser_____ Eltern, mit ______________ Opa

c) Wann kommst du ... zurück?
von dein_____ Freundin, von dein_____ Freunde_____, von ______________ Johanna, von ______________ Familie Lüdemann

d) Ich kaufe die Blumen ...
für mein_____ Schwester, für mein_____ Großeltern, für ______________ Herrn Braun.

## 14 Ergänzen Sie die Präpositionen.

a)

Frau Reuther geht ______________ ihrem Sohn spazieren.

b)

Die Milch ist ______________ das Baby.

c)

Der Mathelehrer geht ______________ Tobias.

d)

Lena ist ______________ ihrem Großvater.

e)

Diese E-Mail ist ______________ Herrn Schröder.

f)

„Ach, ich will nicht ______________ meine Eltern ins Wasser gehen."

## 15 Ergänzen Sie die Präpositionen und die Endungen.

a) Vielleicht bekomme ich Geld ______________ mein_____ Oma für die Konzertkarte.

b) Das ist ja so weit weg. Wie komme ich denn nach dem Konzert nach Hause? Aber vielleicht kann ich ______________ mein_____ Freundin Nina schlafen.

c) Toll! Da gehe ich ______________ mein_____ Freunde_____ hin, denn die mögen die Gruppe auch.

d) ______________ mein_____ großen Bruder darf ich sicher nicht gehen.

e) Am besten kaufe ich ______________ mein_____ Schwester eine Karte. Die schenke ich ihr zum Geburtstag.

f) Ach Mensch! Ich möchte so gern ein Autogramm ______________ d_____ vier Musiker_____ haben!

## 16 Ergänzen Sie die Präpositionen und – wo nötig – Artikel oder Endungen.

a) Diese Tasche habe ich ______________ Schwester von Lena gekauft. Sie macht nämlich morgen eine Geburtstagsparty.

b) Heute Nachmittag gehe ich ______________ mein_____ Freund Fabian und wir sehen zusammen das Fußballspiel.

c) Wann fährst du denn ______________ dein_____ Kollegin?

d) Gestern ist meine Mutter ______________ ihr_____ Schwester in Berlin zurückgekommen.

e) Ich gehe gleich ______________ Bäcker und hole frische Brötchen.

f) ● Wo ist denn Sophie?
■ ______________ Opa.

g) Wie lange hast du denn ______________ Familie Müller gewohnt?

h) Herr und Frau Petersen wollen eine Woche ______________ ihr_____ Kinder in Urlaub fahren. Die Kinder bleiben dann ______________ Großeltern.

i) ● Ich habe seit fünf Tagen Magenschmerzen.
■ Warum gehst du dann nicht ______________ Arzt?

## 2.1. Übersicht

| | Beispiel | Wo?  | Wohin?  | Woher?  |
|---|---|---|---|---|
| Personen | Großmutter, Familie Müller, Lisa, Tierärztin | bei (+ D) | zu (+ D) | von (+ D) |

# 3 Lokale Präpositionen

**Die lokalen Präpositionen verwendet man, wenn man sagen will, wo etwas ist.**
Hannah ist in der Küche.
Die Katze ist auf den Stuhl gesprungen.

**Lokale Präpositionen verwendet man oft für Beschreibungen.**
Das Bild hängt an der Wand.
Das Wohnzimmer ist neben der Küche.

| in, auf, über, unter, vor, hinter, neben, an, zwischen | | | |
|---|---|---|---|
| **Wo ...?** | ○ | **Dativ** | Hannah ist **in der** Küche. |
| **Wohin ...?** | → | **Akkusativ** | Hannah geht **in die** Küche. |

## 3.1. *in, auf, über, unter, vor, hinter, neben, an, zwischen* + Dativ / Akkusativ

**in**

**Im** (= In dem) Zimmer von Laura gibt es zwei Schränke.

Lisa steckt die Spaghetti **in** ihr**en** Mund.

in dem = im    in das = ins

**auf**

Ein moderner PC ist **auf** mein**em** Schreibtisch.

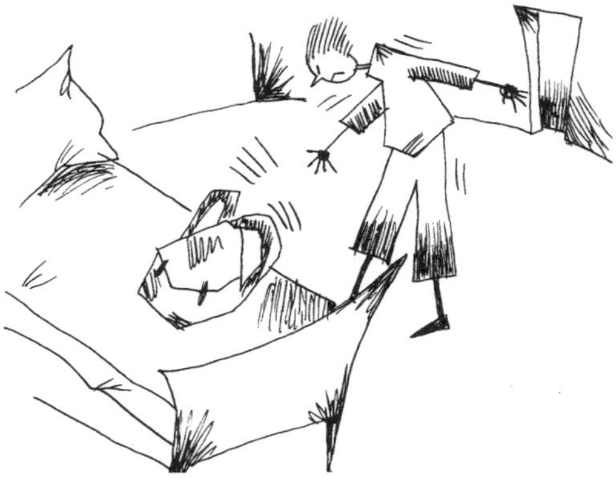

Tim wirft seine Tasche **aufs** Bett.

auf das = aufs

**über**

Ein Mobile hängt **über der** Wiege.

Eine Katze springt **über den** Ball.

**unter**

Meine Hausschuhe sind **unter dem** Bett.

Lisa tut das Comicheft **unter das** Buch.

**vor**

Auf dem Foto ist Tobias **vor dem** Mann.

Die Katze läuft schnell **vor den** Fernsehapparat.

**hinter**

Auf dem Foto ist Tobias **hinter** sein**em** Freund Lukas.

Jana geht **hinter das** Haus.

neben

Leonie sitzt im Seminar **neben** ihr**er** Freundin.

Dennis legt den Schlüssel **neben den** Kuli.

an

Man verwendet *an*, wenn etwas ganz nah ist.

Der Stuhl ist **am** (= an dem) Schreibtisch.

Der alte Geografieprofessor hängt eine Landkarte **an die** Tafel.

an dem = am    an das = ans

⚠ Wenn eine Person ganz nah ist, verwendet man *neben*.

**zwischen**

Nina schläft **zwischen** ihr**em** Bruder und ihr**er** Mutter.

Finn stellt die Lampe **zwischen die** Tür und sein**en** Schreibtisch.

## 17 Sehen Sie sich das Bild an. Ergänzen Sie dann die Nomen.

| | | | |
|---|---|---|---|
| Schreibtisch | Wand | Kommode | Schreibtisch |
| Fenstern | Zimmer | Bett | Kommode |

a) In diesem ________________ gibt es einen Schreibtisch, ein Bett und eine Kommode.

b) An den ________________ hängen Vorhänge.

c) Auf der ________________ sind Bücher und Farbstifte.

d) Zwischen der ________________ und dem ________________ steht ein Blumentopf.

e) Am ________________ steht ein Stuhl.

f) Unter dem ________________ ist ein Teppich.

g) An der ________________ hängen zwei Bilder.

**18** **Wo ist jede Pflanze im Verhältnis zum Tisch? Ergänzen Sie die Präpositionen.**

a) ___ an ___

b) ______________________

c) ______________________

d) ______________________

e) ______________________

f) ______________________

g) ______________________

## 19 Wo sind die grünen Buchstaben? Ergänzen Sie.

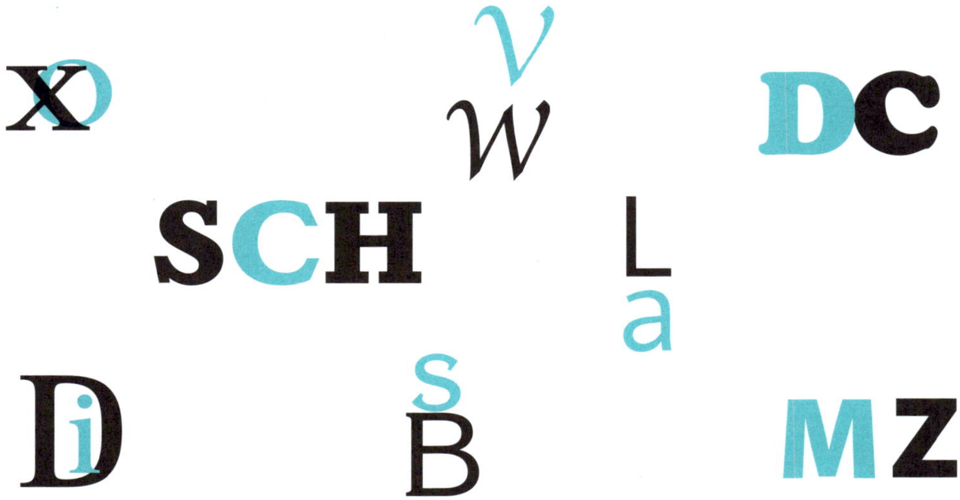


a) Das O ist __________________ dem X.
b) Das C ist __________________ dem S und dem H.
c) Das V ist __________________ dem W.
d) Das kleine a ist __________________ dem L.
e) Das D ist __________________ dem C.
f) __________________ dem Z ist das M.
g) __________________ dem B ist das kleine s.
h) Das kleine i ist __________________ dem D.

## 20 Streichen Sie die Sätze, die keinen Sinn machen.

a) Der Laptop ist auf dem Regal.
b) Häng doch das Poster an die Wand!
c) Julia spielt gern über dem Tisch.
d) Manchmal singt mein Vater unter dem Badezimmer.
e) Unter unserem Esstisch stehen fünf Vasen.
f) Heute spielen wir in der Sporthalle Volleyball.
g) Leon läuft schnell zwischen den Tisch und den Boden.

## 21 Welche Verben drücken eine Bewegung in eine Richtung aus (wohin?)? Welche Verben drücken keine Bewegung aus (wo?)? Markieren Sie und ergänzen Sie die Artikel oder Endungen.

a) Jannik und Timo sind in ihr___ Zimmer.
b) Über mein___ Schreibtisch hängt eine moderne Lampe.
c) Meine Katze springt nie auf ______ Esstisch!
d) Anne wirft alle ihre Spielsachen unter ______ Bett.
e) Carolin ist sehr unordentlich: Auf ihr___ Bett gibt es Bücher, Hefte, schmutzige Socken, einen Laptop und zwei Tafeln Schokolade!
f) Unser Hund schläft gern auf ______ Sofa oder an mein___ Füßen.
g) Komm bitte in ______ Küche und hilf mir!
h) Die kleine Katze kommt immer wieder in ______ Haus.

## 22 Ergänzen Sie die Präpositionen und – wo nötig – die bestimmten Artikel.

a) Julian geht ______________________ Haus.

b) Fufu läuft schnell ______________________ Stuhl, weil sie Angst hat.

c) ______________________ Sessel hängen viele Fotos.

d) Ein Sportwagen fährt gerade ______________ Garage.

e) Tim sitzt ______________ Boden und ist müde.

f) Alina sitzt ______________ Deutschkurs ______________ Yvonne.

g) Frau Specht liest oft abends ______________ ______________ Wohnzimmer die Zeitung.

h) Jana schläft ______________ Sofa.

## 23 Ergänzen Sie die Präpositionen und die Endungen.

a) ____________________ dies_____ Auto sind sechs Personen und ein Hund!

b) ____________________ dies_____ Hotel warten viele Taxis.

c) Oma steht hier ____________________ ihr_____ Brüdern, Wolfram und Franz.

d) ____________________ unser_____ Küche gibt es einen großen Esstisch und sechs Stühle.

e) ____________________ ihr_____ Schultasche hängt ein Teddy.

## 24 Beantworten Sie die Fragen. Verwenden Sie die Nomen und passende Präpositionen.

| ~~Haus~~ | Boden | Kino | Wartezimmer |
|---|---|---|---|
| Zimmer | Turnhalle | Küche | Baum |

a) Wo gibt es viele Bäume?
   *Hinter dem Haus.*

b) Wo sehen Sie fern?
   ______ mein____ ______________

c) Wo trainieren Sie Basketball?
   ______________________________

d) Wo essen Sie zu Mittag?
   ______________________________

e) Wohin geht ihr heute Nachmittag?
   ______________________________

f) Wo ist der bunte Teppich?
   ______________________________

g) Wohin geht der Patient zuerst?
   ______________________________

h) Wohin springt die Katze?
   ______________________________

## 3.2. *in, auf, über, unter, vor, hinter, neben, an, zwischen* + Positionsverben

| Positionsverben, die auf die Frage „Wohin?“ antworten + Akkusativ | Positionsverben, die auf die Frage „Wo?“ antworten + Dativ |
|---|---|
| legen | liegen |
| stellen | stehen |
| setzen | sitzen |
| hängen | hängen |
| stecken | stecken |

a) Herr Klein **legt** <u>den Teppich</u> auf **den** Boden.

b) Der Teppich **liegt** auf **dem** Boden.

c) Er **stellt** <u>die Lampe</u> hinter **den** Sessel.

d) Die Lampe **steht** hinter **dem** Sessel.

e) Er **setzt** <u>das Kind</u> ins Auto.

f) Das Kind **sitzt** im Auto.

g) Er **hängt** den Kalender an **die** Wand. h) Der Kalender **hängt** an **der** Wand.

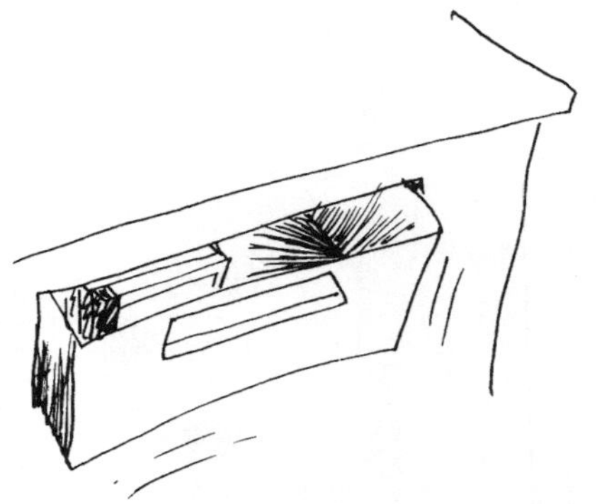

i) Er **steckt** die CDs in **die** Schublade. j) Die CDs **stecken** in **der** Schublade.

⚠ Achten Sie darauf, welche Präpositionen man mit den Nomen *das Sofa / die Couch* und *der Sessel* verwendet.

Der Hund sitzt **auf** dem **Sofa** / **auf** der **Couch**.
Setz dich bitte **auf** das **Sofa** / **auf** die **Couch**!

Aber:

Ich sitze **im** (= in dem) **Sessel**.
Setz dich bitte **in** den **Sessel**!

das Sofa / die Couch

der Sessel

**25** **Ergänzen Sie die passenden Verben.**

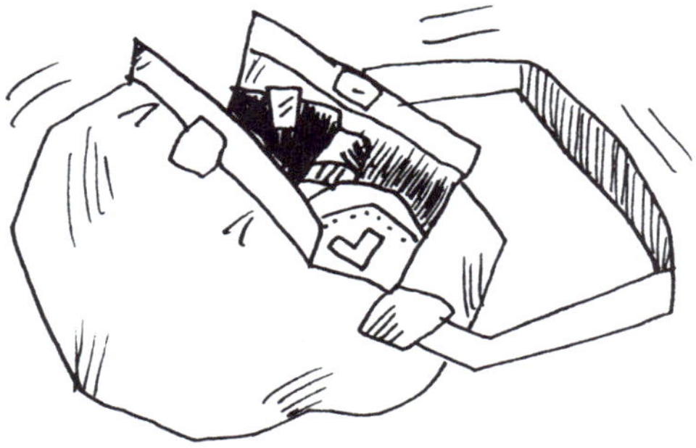

a) stecken

b) ______

c) ______

d) ______

e) ______

f) ______

g) ______________________

h) ______________________

i) ______________________

j) ______________________

## 26 Streichen Sie durch, was nicht passt.

a) Ein modernes Bild hängt / steckt an der Wand.
b) Ein Schreibtisch sitzt / steht unter dem Fenster.
c) Häng / Stell bitte das Hemd in den Schrank.
d) Wo stecken / stehen denn meine Schlüssel?
e) Herr Baum legt / liegt das Baby ins Bett.
f) Wohin stellst / stehst du den Stuhl?
g) Meine Katze liegt / legt gern unter der Heizung.
h) Jonas sitzt / setzt seinen Teddy auf den Stuhl.

## 27 Unterstreichen Sie die Positionsverben und die Präpositionen. Kreuzen Sie dann an, was Sie anstrengend finden.

a) Ich liege im Bett.
b) Ich stehe eine Stunde auf dem Bett.
c) Meine Schwester hat ein Bild an die Wand gehängt.
d) Vanessa hat den großen Fernsehapparat auf den Boden gestellt.
e) Janina sitzt am Schreibtisch.
f) Mein kleiner Sohn sitzt schon zwei Stunden unter dem Tisch, weil er mich ärgern will.

## 28 Ergänzen Sie die Positionsverben in der richtigen Form.

a) Zwei Schlafsäcke ______________________ im Zelt.

b) Frau Bovermann ______________________ ihr neues Bild an die Wand.

c) Am Weihnachtsbaum ______________________ viele Sterne.

d) Lea ______________________ ihre Puppe auf den Boden.

e) Frau Eppingen ______________________ das Besteck auf den Tisch.

f) Kevin ______________________ ein Stück Schokolade in den Mund.

g) Moritz ______________________ gern auf dem Drehstuhl.

h) Der Kameramann ______________________ hinter der Kamera.

i) Anne ______________________ die Kommode zwischen das Bett und den Schrank.

j) In unserem Briefkasten ______________________ ein großer Briefumschlag.

## 29 Welche Positionsverben drücken eine Bewegung in eine Richtung aus (wohin →)? Welche Positionsverben drücken keine Bewegung aus (wo ◯)? Markieren Sie und ergänzen Sie die Präpositionen und Artikel oder Endungen.

a) Annika, steckst du endlich deine Hefte ______________________ Tasche?

b) Ich möchte alle Kerzen ______________________ Tisch stellen.

c) ______________________ dies____ Tasche stecken die Papiere für das Meeting am Freitag.

d) Warum hast du all diese Bilder ______________________ Wand gehängt?

e) Mein Opa sitzt stundenlang ______________________ sein____ Zimmer und schreibt Gedichte.

f) Setzen Sie sich bitte ______________________ Sessel!

g) ______________________ Wand unseres Büros hängt ein großer Kalender.

h) ______________________ Spülmaschine und ______________________ Schrank steht der Elektroherd.

## 30 Beschreiben Sie das Bild wie im Beispiel.

| die ~~Kiste~~ | das Sofa | der Tisch | der Teppich | der Boden |
|---|---|---|---|---|
| der Sessel | die Lampe | das Sofa | der Tisch | |

a) Pullover und T-Shirts *stecken in der Kiste.*

b) Bücher *liegen* __________

c) Zwei Dosen Milch __________

d) Zwei Ketten __________

e) Eine Hose __________

f) Ein Hund __________

g) Ein Blumentopf __________

h) Eine kaputte Gitarre __________

## 31 Beschreiben Sie die Bilder und verwenden Sie Positionsverben.

a) *Laura stellt eine Uhr aufs Regal.* ______________________

b) *Sie* __________________ *CD* ______

c) __________________ *Gitarre* ______

d) __________________ *Hefte* ______

e) ______________________________ Poster

______________________________

f) ______________________________ Teddy

______________________________

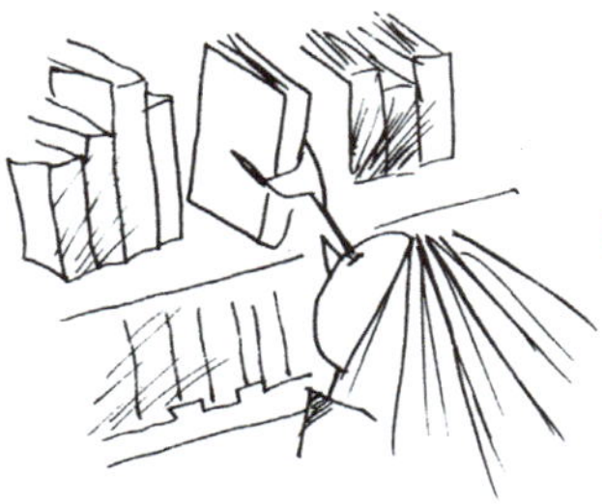

g) ______________________________ Buch

______________________________

h) ______________________________ Kuli

______________________________

i) ______________________________ sich

______________________________

## 32 Antworten Sie wie im Beispiel.

a) Wo steht dein Bett? Am Fenster. / Neben dem Regal. / ______
b) Wo sitzt deine Katze / dein Hund am liebsten? ______
c) Wohin steckst du deine Kulis? ______
d) Wohin hängst du deine Poster? ______
e) Wo steht dein Schreibtisch? ______
f) Wo steht dein Computer? ______
g) Wohin legst du deine Pullover? ______
h) Wo liegt deine Zeitung? ______
i) Wohin setzt du dich beim Musikhören? ______

## 3.3. Übersicht

| | Wo? | Wohin? |
|---|---|---|
| Wechselpräpositionen: in, auf, über, unter, vor, hinter, neben, an, zwischen | + Dativ | + Akkusativ |

| Wohin? | | | | |
|---|---|---|---|---|
|  legen<br> stellen<br> setzen<br> hängen<br> stecken | + | in<br>auf<br>über<br>unter<br>vor<br>hinter<br>neben<br>an<br>zwischen | + | Akkusativ |

**Wo?**

liegen

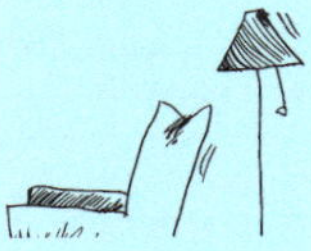
stehen

sitzen

hängen

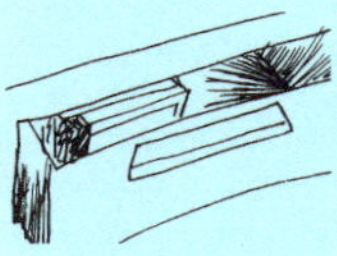
stecken

\+

in
auf
über
unter
vor
hinter
neben
an
zwischen

\+ Dativ

# 4 Städte, Länder, Kontinente

Dieses Kapitel hat drei Teile:
4.1. Ortsnamen ohne Artikel (Dörfer, Städte, Inseln, Länder, Kontinente)
4.2. Ortsnamen mit Artikel
4.3. *Land, Ausland, Stadt, Dorf, Ort, Insel*

Für jede Gruppe verwendet man andere Präpositionen.
Wir fahren am Samstag **nach** Wien.
Ich möchte **in** eine richtig große Stadt fahren, z.B. **nach** São Paulo.

⚠ Diese Verben sind in diesem Kapitel wichtig:
a) Verben, die keine Bewegung ausdrücken (wo? ◯)
b) Verben, die eine Bewegung in eine Richtung ausdrücken (wohin? ⟶)
c) Verben, die Herkunft ausdrücken (woher? ⟵)

a) Verben, die keine Bewegung ausdrücken (wo? ◯):

sein = ____________________
wohnen = ____________________
bleiben = ____________________
leben = ____________________
liegen = ____________________
verbringen = ____________________
ich bin … geboren = ____________________
Herr Kunze wohnt in Österreich, in Graz.

⚠ *ankommen* und *landen* gehören auch zu dieser Gruppe.
Um wie viel Uhr landet das Flugzeug in Athen?
Unser Zug kommt um 10.35 Uhr in Köln an.

b) Verben, die eine Bewegung in eine Richtung ausdrücken (wohin? ⟶):

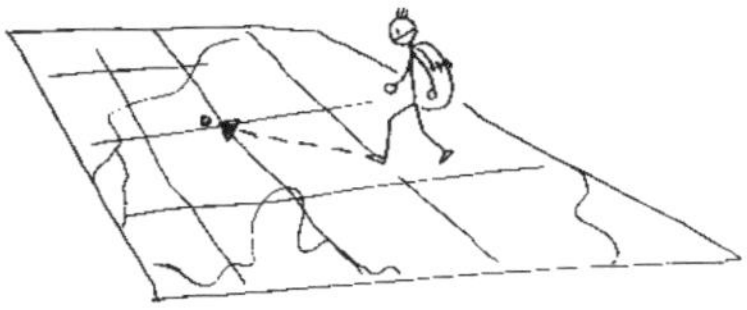

gehen = ____________________
fahren = ____________________
reisen = ____________________
fliegen = ____________________
ziehen = ____________________
umziehen = ____________________
kommen = ____________________

zurückkommen = ______________________

zurückfahren = ______________________

zurückfliegen = ______________________

Im Sommer fahren wir nach Italien.

c) Verben, die Herkunft ausdrücken (woher? ←):

kommen = ______________________

zurückkommen = ______________________

Meine Eltern kommen am Samstag von Paris zurück.

Herr Li kommt aus China, aber er lebt seit 20 Jahren in Deutschland.

## 4.1. Ortsnamen ohne Artikel

Die meisten Ortsnamen verwendet man im Deutschen ohne Artikel.

**in**

***in*** verwendet man mit Verben, die keine Bewegung ausdrücken (wo? ◯).

Mein bester Freund wohnt **in** Augsburg.

Chile liegt **in** Südamerika.

Regensburg liegt **in** Bayern.

Der Zug kommt um 16.05 Uhr **in** Paris an.

**auf**

***auf*** ohne Artikel verwendet man mit Inseln und Verben, die keine Bewegung ausdrücken (wo? ◯).

Meine Schwester wohnt **auf** Korsika.

Wie lange bleibt ihr **auf** Rhodos?

Nur bei einigen sehr großen Inseln kann man statt *auf* auch *in* verwenden.

**nach**

***nach*** verwendet man nur mit Verben, die Bewegung ausdrücken (wohin? →).

Wir reisen im Juli **nach** Schweden.

Wir wollen mit dem Schiff **nach** Sizilien fahren.

Er fährt übermorgen **nach** Berlin zurück.

**aus**

***aus*** verwendet man mit *kommen* und *sein*, um auszudrücken, aus welchem Land jemand kommt.
Frau Stimming ist **aus** Deutschland, **aus** Köln, aber sie wohnt **in** Athen.

## 33 Ergänzen Sie die Präpositionen.

Mein Freund Philipp kommt ____________ Frankreich, ____________ Lille. Er wohnt aber seit drei Jahren hier ____________ Deutschland, ____________ Hamburg. Im Sommer wollen wir zusammen per Interrail ____________ Belgien und ____________ Österreich fahren. Das finde ich super! Wir können ____________ Brüssel den Mini-Europa-Park, ____________ Wien den Prater und ____________ Salzburg das Mozarthaus besuchen.

**bei**

***bei*** verwendet man mit Verben, die keine Bewegung ausdrücken (wo? ◯).
Hanau liegt **bei** Frankfurt.
Marathon liegt **bei** Athen.

**über**

***über*** verwendet man mit Verben, die Bewegung ausdrücken (wohin? ⟶).

Wir wollen von Innsbruck **über** Salzburg nach Wien fahren.

**von**

***von*** verwendet man, wenn man ausdrücken will, woher man kommt (woher? ←).

Morgen kommt mein Bruder **von** Berlin zurück.
Wann kommt Julia **von** Kreta?

Die Präposition *von* verwendet man auch für die Herkunft von einer Insel. Sie zeigt also, wo man geboren ist, wo man gelebt hat.

Meine Freundin kommt **von** Santorin.

⚠ *von* verwendet man auch mit Himmelsrichtungen wie *nördlich, im Norden, südlich, im Süden, östlich, im Osten, westlich, im Westen*. Dann verwendet man es mit Verben, die keine Bewegung ausdrücken (wo? ◯).
Tschechien liegt **im Norden / nördlich von** Österreich.

**bis**

***bis*** verwendet man für Distanzen, oft verwendet man auch *von … bis*.
**Bis** Hamburg sind es noch 20 Kilometer.
Wir fahren mit dem ICE **von** Stuttgart **bis** Heidelberg und dann mit dem Bus nach Billigheim.

Es gibt auch *von … nach*:
**Von** Athen **nach** Thessaloniki sind es etwa 500 km.

## 34 Streichen Sie das Verb durch, das nicht passt.

a) Luisa fährt / wohnt in Berlin.
b) Wann fahrt / lebt ihr nach Deutschland?
c) Das Flugzeug landet / fliegt um 12.35 Uhr in Iraklio.
d) Wir wollen in den Ferien nach Ägypten reisen / verbringen.
e) Wir fahren / sind über Frankfurt nach Stuttgart.
f) Familie Hauke ist nach Hannover umgezogen / angekommen.
g) Am Sonntag kommt / fährt mein Freund von Duisburg.
h) Lukas Timmer fährt / wohnt schon vier Jahre auf Sylt.

## 35 A Ergänzen Sie *in* oder *nach*.

Mit ihrem Laptop kann Julia überall arbeiten

Julia Bering ist Deutsche. Bis gestern war sie ______ Frankreich, ______ Paris. Heute fährt sie ______ Deutschland. Ihr Bruder Daniel wohnt nämlich ______ München und sie möchte ihn besuchen. Dann will sie ______ Südamerika und zwar ______ Venezuela fliegen.
Im Juli fährt sie ______ Griechenland. Sie bleibt eine Woche ______ Athen und dann fährt sie mit einer Freundin ______ Serifos.
Julias Eltern sind letztes Jahr ______ Spanien, ______ Mallorca umgezogen. Im August fliegt sie also ______ Mallorca und bleibt zwei Wochen bei ihnen.
Julias Traum ist, ______ Südafrika und Australien zu reisen. Danach wird sie vielleicht für immer ______ Deutschland bleiben.

## B Ergänzen Sie *aus*, *von* oder *nach*.

**Frau Bering:** Bering.
**Julia:** Hallo, Mami!
**Frau Bering:** Hallo, Julia! Wie geht's?
**Julia:** Ganz gut. Ich bin gerade in München bei Daniel. Ich bin heute Nachmittag ______ Paris gekommen. Wie geht's euch denn?
**Frau Bering:** Auch gut! Wie lange bleibst du denn in München?
**Julia:** Zwei Wochen.
**Frau Bering:** Und was macht Daniel? Hat er seine Prüfung bestanden?
**Julia:** Ja, Gott sei Dank.
**Frau Bering:** Wann kommst du denn zu uns ______ Mallorca?
**Julia:** Im August wahrscheinlich.
**Frau Bering:** Warum denn nicht schon im Juli?
**Julia:** Im Juli fahre ich nach Athen. Ich will dort Abiba besuchen.

**Frau Bering:** Abiba? Wer ist das denn?

**Julia:** Das ist eine Freundin von mir. Sie kommt ______ Afrika, ______ Ghana und studiert in Athen.

**Frau Bering:** Du und deine Freunde ...! Wo hast du denn die kennengelernt?

**Julia:** Na, letztes Jahr im Urlaub.
Sag mal, Mami, kommt ihr dieses Jahr denn gar nicht ______ Deutschland?

**Frau Bering:** Doch, doch. Zu Weihnachten auf jeden Fall.

**Julia:** O.K. dann. Tschüs! Schöne Grüße an Papa!

**Frau Bering:** Tschüs, mein Schatz! Mach's gut und gib Daniel einen Kuss.

**Julia:** Gut, mach' ich.

## C Ergänzen Sie *nach*, *in*, *über* oder *von*.

**Daniel:** Also, in zwei Wochen fliegst du ______ Venezuela, oder?

**Julia:** Ja, ja. Mensch, ich bin so aufgeregt!

**Daniel:** Fliegst du direkt ______ Caracas?

**Julia:** Nein, ich fliege ______ Amsterdam.

**Daniel:** Und welche Städte willst du denn besuchen?

**Julia:** Also, ich bleibe zehn Tage ______ Caracas und dann fahre ich weiter ______ Maracaibo.

**Daniel:** Aha! Und wie kommst du ______ Caracas nach Maracaibo?

**Julia:** Hm ... Das weiß ich noch nicht. Mit dem Zug oder mit dem Bus.

**Daniel:** Und dann?

**Julia:** Hm ... Wenn ich Lust habe, fahre ich vielleicht noch ______ San Cristobal.

**Daniel:** Du, so eine weite Reise! Das finde ich anstrengend.

**Julia:** Mir macht's aber Spaß!

## 36 Ergänzen Sie die Präpositionen.

a) Potsdam liegt _____ Ostdeutschland, _____ Berlin.

b) Lübeck liegt _____ Hamburg.

c) Viele Deutsche fahren mit dem Schiff _____ Helgoland. Das ist eine Insel in der Nordsee.

d) Köln liegt im Süden _____ Düsseldorf.

e) _____ Stuttgart _____ Kiel sind es bestimmt mehr als 500 km.

f) Freiburg liegt _____ Süddeutschland, und zwar im Süden _____ Karlsruhe.

g) Bern liegt südlich _____ Zürich.

h) Wenn man _____ München ist, kann man _____ Salzburg _____ Graz fahren.

i) Augsburg und Ansbach sind _____ Süddeutschland, _____ Bayern.

## 37 Ergänzen Sie die Präpositionen.

a) Herr Kress wohnt ___in___ Berlin.

b) Kim und Tim verbringen ihre Ferien __________ Mykonos.

c) Herr Fochler fliegt __________ Australien.

d) Frau Papadopoulou lebt __________ Athen.

e) Sani kommt __________ Nigeria.

f) Der Bus fährt __________ Budapest.

g) Familie Kaufmann fährt __________ Paris.

h) Drei Wochen später kommt Familie Kaufmann __________ Paris zurück.

i) Herr Katsaros wohnt __________ Samos.

## 4.2. Ortsnamen mit Artikel

Folgende Ortsnamen haben einen Artikel:

| maskulin | feminin | Plural |
|---|---|---|
| der Irak<br>der Iran<br>der Sudan | die Bundesrepublik (Deutschland) / BRD<br>die Schweiz<br>die Slowakei<br>die Türkei<br>die Ukraine | die Niederlande<br>die Vereinigten Staaten / USA |

Für Inselgruppen im Plural wie *die Bahamas, die Fidschi-Inseln, die Kykladen, die Malediven, die Seychellen* gelten Sonderregeln.

▶ mehr dazu im Kapitel 4.2.2., Seite 59

### 4.2.1. Länder

in

***in*** **+ Dativ** verwendet man mit Verben, die keine Bewegung ausdrücken (wo? ◯).
Genf liegt **in der** Schweiz.
Herr Reichert wohnt seit einem Jahr **im** (= in dem) Iran.
Tom Schneider studiert **in den** USA.

***in*** **+ Akkusativ** verwendet man mit Verben, die Bewegung ausdrücken (wohin? ⟶).
Herr Milias reist oft **in die** Bundesrepublik.
Wir fliegen im Sommer **in die** USA.

⚠ Achtung! Vor Ländern mit Artikel steht nie *nach*.

**von**

***von* + Dativ** verwendet man mit Verben, die ausdrücken, woher man kommt (woher? ←).

Marie und Ben haben eine Europa-Reise gemacht. Morgen kommen sie **von der** Schweiz zurück.
Wann kommt Frau Berg **von den** USA?

Außerdem verwendet man *von* + Dativ auch mit den Himmelsrichtungen *nördlich, im Norden, südlich, im Süden, östlich, im Osten, westlich, im Westen*.
Welche Länder liegen **östlich / im Osten von der** Slowakei?

**aus**

***aus* + Dativ** verwendet man mit den Verben *kommen* und *sein* für die Herkunft von einer Person.
Kommt Herr Eppingen **aus der** Schweiz?
Kaja ist **aus den** Niederlanden.

## 4.2.2. Inselgruppen

**auf**

***auf* + Dativ** verwendet man mit Verben, die keine Bewegung ausdrücken (wo? ◯).
Familie Mann verbringt seit Jahren ihre Ferien **auf den** Seychellen.
Maximilian und Laura sind gerade **auf den** Kykladen.

***auf* + Akkusativ** verwendet man mit Verben, die Bewegung ausdrücken (wohin? →).
Wann fliegt ihr wieder **auf die** Malediven?
Herr und Frau Knauf sind **auf die** Bahamas gereist.

**von**

***von* + Dativ** verwendet man bei Verben, die ausdrücken, woher man kommt oder welche Herkunft man hat (woher? ←).

Heute kommen Florians Eltern **von den** Fidschi-Inseln zurück.

## 38 Ergänzen Sie die Artikel.

a) **wohnen**

in __________ Bundesrepublik
in __________ Ukraine
in __________ USA
in __________ Iran
in __________ Türkei

in __________ Niederlanden
auf __________ Seychellen
auf __________ Bahamas
auf __________ Kykladen

b) **reisen**

in __________ Schweiz
in __________ USA
auf __________ Malediven
in __________ Irak

auf __________ Balearen
in __________ Slowakei
in __________ Niederlande
auf __________ Bahamas

c) **kommen**

von __________ Bundesrepublik
aus __________ Ukraine
von __________ Fidschi-Inseln
aus __________ USA
von __________ Türkei

von __________ Schweiz
aus __________ Niederlanden
von __________ Malediven
von __________ Kykladen

## 39 Ergänzen Sie die Artikel und die Präpositionen.

a)

Sie meinen, ______________
Kykladen gibt es nur
tolle Strände?

b)

Fliegen Sie doch
______________ USA!
Dort erleben Sie sicher was!

c)

Ja richtig! Das ist
______________ Niederlande__,

d)

Fahren Sie ______________
Slowakei.
Ein Land mit Geschichte.

e) 

f) 

## 4.3. *Land, Ausland, Stadt, Dorf, Ort, Insel*

Für die Wörter *Land, Ausland, Stadt, Dorf* und *Ort* gilt Folgendes:

**in**

***in*** **+ Dativ** verwendet man mit Verben, die keine Bewegung ausdrücken (wo? ◯).

Mein Onkel wohnt **in einem** weit entfernten Land in Asien.
Herr Vogel ist gerade **im** Ausland.
Familie Kohl wohnt **in einer** kleinen Stadt in der Schweiz.
Wenn man **in einem** Dorf lebt, hat man nicht so viel Stress.
Familie Fischer wohnt **in einem** schönen Ort in der Nähe von Hannover.

***in*** **+ Akkusativ** verwendet man mit Verben, die Bewegung ausdrücken (wohin? ⟶).

Wir wollen mal **in ein** exotisches Land fahren.
Unser Chef reist oft **ins** (= in das) Ausland.
Ich will jetzt **in die** Stadt gehen.
Ich würde nie **in ein** Dorf umziehen.
Ich möchte mal **in** so ein**en** Ort reisen.

⚠ Achtung: *Land* + *auf* = nicht in der Stadt
Herr Grebe wohnt **auf dem** Land, weil ihm die Stadt zu laut ist.
Im Frühling fahren wir gern **aufs** Land.

Für das Wort *Insel* gilt Folgendes:

**auf**

***auf*** + **Dativ** verwendet man mit Verben, die keine Bewegung ausdrücken (wo? ◯).
Frau Klein wohnt **auf** einer griechischen Insel.

***auf*** + **Akkusativ** verwendet man mit Verben, die Bewegung ausdrücken (wohin? ⟶).
**Auf** welche Insel möchtest du im Sommer fahren?

## 40 Streichen Sie durch, was nicht passt.

a) wohnen: in der Stadt / ins Ausland / in einem schönen Land
b) fahren: ins Ausland / in die Stadt / auf einer Insel
c) sein: auf eine Insel / im Dorf / in einem Land
d) reisen: in einen Ort / in ein Land / in der Stadt

## 41 Ergänzen Sie die Präpositionen und – wo nötig – die Artikel und Endungen.

a) Leonie wohnt in Göttingen, aber sie würde lieber ________ ein____ größeren Stadt wohnen.
b) In den letzten Jahren reisen viele Leute ________ Ausland.
c) Familie Bauer fährt jedes Jahr in den Ferien nach Spanien, aber die Kinder möchten gern auch mal ________ ein____ anderes Land fahren.
d) Morgen früh wollen wir ________ ________ Stadt gehen.
e) Herr und Frau Krause haben früher ________ Ausland gewohnt.
f) Wir fahren in den Ferien ________ ein____ kleine Insel.
g) Familie Wagner wohnt ________ ein____ Dorf in Bayern.

## 4.4. Übersicht

| | Beispiel | Wo?<br> | Wohin?<br> | Woher?<br>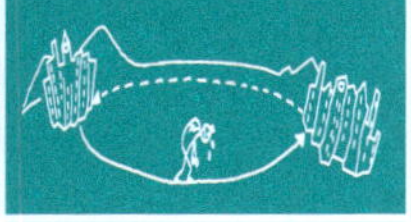 |
|---|---|---|---|---|
| Ortsnamen ohne Artikel | Madrid, Griechenland, Bayern, Europa | in | nach | aus<br>von |
| Inseln | Paros<br><br>⚠ Insel | auf<br><br>auf einer Insel | nach<br><br>auf eine Insel | von<br><br>von + D |
| Länder mit Artikel | die Schweiz,<br>die USA,<br>der Iran | in + D | in + A | aus + D<br>von + D |
| Inselgruppen | die Kykladen,<br>die Bahamas | auf + D | auf + A | von + D |

# 5 Landschaften, Himmelsrichtungen, Wetter

Landschaften: Meere, Berge, Wiesen, ...
Wir fahren gern ans Meer.
Schau mal, auf diesen Berg bin ich schon gestiegen.

Himmelsrichtungen: Norden, Osten, Süden, Westen:
Im Herbst fliegen Vögel in den Süden.

Wetter: Sonne, Regen, ...
Bleib doch nicht so lange in der Sonne!

## 5.1. Landschaften

*in, an, auf* + Dativ oder Akkusativ

⚠ Erinnern Sie sich: Verben, die **keine Bewegung** ausdrücken (wo? ◯), stehen mit **Dativ**.
Griechenland liegt **am** Mittelmeer.

Verben, die **Bewegung** ausdrücken (wohin? ⟶), stehen mit **Akkusativ**.
Im Sommer fahren viele Touristen **ans** Mittelmeer.

Verben, die keine Bewegung ausdrücken (wo? ◯):
sein = ______________________
wohnen = ______________________
liegen = ______________________
leben = ______________________
verbringen = ______________________
bleiben = ______________________

Verben, die eine Bewegung in eine Richtung ausdrücken (wohin? ⟶):
fahren = ______________________
gehen = ______________________
reisen = ______________________
fliegen = ______________________
steigen = ______________________

Achtung! *spazieren gehen* + Dativ:
Sonntags **gehe** ich oft **im** (= in dem) Wald **spazieren**. (◯)

Aber: *gehen* mit bestimmtem Ziel + Akkusativ
Gehen wir morgen **in den** Wald? (⟶)

Achtung! *schwimmen* ohne bestimmtes Ziel + Dativ:
Auch im Winter schwimme ich gern **im** (= in dem) Meer. (◯)

Aber: *schwimmen* mit einem Ziel + Akkusativ:
Gestern sind wir vom Boot **ans** (= an das) Ufer geschwommen. (⟶)

## 5.1.1. Wasser (Meer, Flüsse, Seen, Strände)

**in**

***in* + Dativ** verwendet man, wenn man schon im Wasser ist, ***in* + Akkusativ**, wenn man gerade hineingeht.

Zwei Männer spielen **im** (= in dem) Wasser Wasserball.

Die Enten schwimmen **in** ein**em** See.

Herr Knauf geht gerade **ins** (= in das) Meer.

⚠ Achtung! Für Schiffe und Boote, die auf dem Meer fahren, verwendet man *auf*.

Die Segelboote sind **auf dem** Meer.

⚠ Die Präposition *in* verwendet man mit dem Nomen *der Hafen*, wenn ein Schiff im Hafen ist.

Ein großes Schiff fährt im Moment **in den** Hafen.
Heute liegen viele Schiffe **im** Hafen.

**an**

***an* + Dativ** verwendet man, wenn man am Wasser ist, ***an* + Akkusativ** wenn man zum Wasser geht.

Das Opernhaus in Sydney steht direkt **am** (= an dem) Meer.

Lisa geht **am** (= an dem) Strand spazieren.

Köln liegt **am** (= an dem) Rhein.

Wir wollen mal **an die** Nordsee fahren.

In den Ferien reisen viele Leute **an den** Bodensee.

Im Sommer sind wir **an die** Lauenburgischen Seen gefahren.

⚠ Achtung! Das Nomen *See* hat je nach Artikel eine andere Bedeutung:
**die** See = das Meer, z.B. die Nordsee, die Ostsee
**der** See = z.B. der Bodensee, der Michigansee, ..
Kiel liegt **an der** Ostsee.
Zürich liegt **am** Zürichsee.

## 42 Ergänzen Sie *in*, *an*, *auf* und – wo nötig – die Artikel und Endungen.

⚠ **Hier drücken die Verben keine Bewegung aus, deshalb stehen alle Präpositionen mit Dativ.**

a) Eine Frau und ein Kind stehen ___________ Ufer (das) eines Flusses.

b) Chicago liegt ___________ ein___ Fluss (der).

c) Ein paar Leute schwimmen ___________ Meer (das) und einige sind ___________ Strand (der).

d) ___________ dies___ See (der) ist ein Boot. ___________ See gibt es viel Grün.

e) Diese kleine Stadt liegt ___________ Meer (das). ___________ Hafen (der) sind im Moment viele Boote.

f) Ein Boot ist ___________ Strand (der).

g) Ich sehe einen Surfer ___________ Meer (das).

h) Ein Vater geht mit seinem Kind ___________ Strand (der) spazieren.

## 43 Dativ oder Akkusativ? Ergänzen Sie die Artikel oder die Endungen.

a) Die Stadt liegt …
an ___________ Ostsee (die), an ___________ Elbe (die), an ___________ Chiemsee (der), an ___________ Main (der).

b) Wir sind …
an ___________ Meer (das), an ein_____ Fluss (der), an ___________ Lauenburgischen Seen (Pl.), an ein_____ Strand (der).

c) Ich reise …
an ___________ Bodensee (der), an ___________ Rhein (der), an____ Schwarze Meer (das), an ___________ Donau (die).

d) Viele Touristen fahren …
an____ Mittelmeer (das), an ___________ Mecklenburger Seen (Pl.), an ___________ Elbe (die).

## 44 Ergänzen Sie die Präpositionen und – wo nötig – die Artikel und Endungen.

a) Stockholm liegt _an der_ Ostsee und Oslo ___________ Nordsee.

b) ___________ Bodensee gibt es viele Hotels.

c) Auch im Winter fahre ich gern ___________ Meer und gehe ___________ Strand spazieren.

d) Ich würde mal gerne nach Ostdeutschland und zwar ___________ Mecklenburger Seen reisen.

e) ● Schwimmst du lieber ___________ Meer oder ___________ ein_____ See?
■ ___________ Meer natürlich.

f) Viele Deutsche fahren in den Sommerferien ___________ Mittelmeer.

g) Es gibt in Deutschland zwei Städte mit dem Namen „Frankfurt". Beide liegen ___________ Flüssen: Frankfurt ___________ Main (der) und Frankfurt ___________ Oder (die).

## 5.1.2. Berge, Wälder, Wiesen, Felder usw.

Die Präpositionen *in* und *auf* stehen mit Dativ bei Verben, die keine Bewegung ausdrücken (wo? ◯), und mit Akkusativ bei Verben, die Bewegung ausdrücken (wohin? ⟶).

▶ mehr dazu im Kapitel 3, Seite 24

**in**

***in* + Dativ** verwendet man mit Verben, die keine Bewegung ausdrücken (wo? ◯), ***in* + Akkusativ** verwendet man mit Verben die Bewegung ausdrücken (wohin? ⟶).

- *der Wald*
  Gehst du gern **im** (= in dem) Wald spazieren? (◯)
  In den Weihnachtsferien fährt Familie Käfer immer **in den** Schwarzwald. (⟶)

- *das Tal*
  Im Mai blühen bunte Blumen **im** (= in dem) Tal.
  Wir gehen von der Bergspitze **in das** Tal.

- *das Gebirge, die Berge* (Pl.)
  Letztes Jahr haben wir unseren Urlaub **in den** Bergen / **im** (= in dem) Gebirge verbracht.
  **In den** Alpen gibt es viele Wälder.
  Fährst du im Sommer lieber **in die** Berge / **ins** (= in das) Gebirge oder ans Meer?

**auf**

***auf* + Dativ** verwendet man mit Verben, die keine Bewegung ausdrücken (wo? ◯), ***auf* + Akkusativ** verwendet man mit Verben, die Bewegung ausdrücken (wohin? ⟶).

- *der Berg, der Gipfel*
  Wie ist im Moment das Wetter **auf dem** Olymp?
  Willst du nicht **auf den** Berg steigen?
  Wie viele Leute sind wohl schon **auf den** Mount Everest gestiegen?

⚠ Erinnern Sie sich: Für einen Berg verwendet man *auf* (*auf den Berg, auf die Zugspitze*), für mehrere Berge oder ein Gebirge *in* (*in den Bergen, in den Alpen*).

⚠ Beachten Sie die Artikel:
der Berg — **das** Gebirge, die Berge (Pl.)

- *die Wiese*

Sonntags gehe ich mit meinem Hund **auf die** Wiese.
Das berühmte Oktoberfest findet immer **auf der** Theresienwiese in München statt.

- *das Land*

**Auf dem** Land ist es ruhiger als in der Stadt.
Am Wochenende fahren wir oft **aufs** Land.

⚠ *auf* + *das Land* verwendet man nur im Singular. Man meint dann das Gegenteil von *in der Stadt*.
Gehen wir **aufs** Land?

Für *das Land* mit der Bedeutung *Staat* verwendet man die Präposition *in* und hier gibt es einen Plural.
Meine Tante wohnt seit Jahren **in** einem kleinen Land in Afrika.
Ich möchte gern **in** weit entfernte Länder reisen.

## 45 Ergänzen Sie die Präpositionen und die Artikel oder – wo nötig – die Endungen.

a) Wir bleiben ...

__________ Alpen, __________ Olymp, __________ Berge_____, __________ Schwarzwald.

b) Der Fotograf ist ...

__________ ein_____ Berg, __________ ein_____ Tal, __________ Riesengebirge, __________ Land.

c) Wir fahren ...

__________ Alpen, __________ Berge, __________ Land, __________ ein_____ Wiese, __________ Regenwald, __________ Theresienwiese, __________ ein_____ Berg, __________ ein_____ Gebirge.

d) Steigen wir ...

__________ ein_____ Berg, __________ Zugspitze, __________ Mount Everest?

## 46 Ergänzen Sie die Präpositionen und die Artikel oder die Endungen.

Herr Tippmann ist nie zufrieden

| | Er denkt: |
|---|---|
| a) Herr Tippmann wohnt in einer Großstadt. | „Ich möchte so gerne ___________ Land wohnen!“ |
| b) Zu Weihnachten fährt er meistens ___________ Alpen. | „___________ Mount Everest ist es bestimmt viel schöner!“ |
| c) Er geht oft am Wochenende mit seinen Kindern ___________ Wald spazieren. | „Das ist so langweilig! Ich würde lieber alleine ___________ ein_____ Berg steigen.“ |
| d) Im Frühling macht er manchmal mit Freunden ___________ ein_____ Wiese Picknick. | „___________ Tal gibt es bestimmt mehr Blumen.“ |
| e) Letzten Sommer hat er mit seiner Familie zehn Tage ___________ Schwarzwald Urlaub gemacht. | „Warum sind wir eigentlich nicht ___________ Regenwald gefahren?“ |

## 5.2. Himmelsrichtungen und Wetter

Für die Himmelsrichtungen und das Wetter verwendet man die Präposition *in*. Bei Verben, die **keine Bewegung** ausdrücken (◯), verwendet man Dativ, bei Verben, die **Bewegung** ausdrücken (⟶), Akkusativ.

**Tipp:** Lernen Sie die folgenden Nomen immer mit dem Artikel.

| | | |
|---|---|---|
| der Norden<br>der Süden<br>der Westen<br>der Osten | der Schnee<br>der Wind<br>der Regen | die Sonne<br>der Schatten |

Polen liegt **im** Osten von Deutschland.
Warum müssen wir **in den** Süden fahren?
● Komm, leg dich **in die** Sonne! ■ Ich sitze lieber **im** (= in dem) Schatten.
Schau mal! Dein Hund liegt **im** Schnee!

### 47 Ergänzen Sie *in* und die Artikel.

a) Bulgarien liegt ___im___ Norden von Griechenland und ______ Süden von Rumänien.
b) Ich möchte mal ______ Osten reisen.
c) Ich habe keine Lust, im Sommer lange ______ Sonne zu sitzen. Ich sitze lieber ______ Schatten unter dem Sonnenschirm.
d) Was? Du gehst gerne ______ Regen spazieren?
e) Komm, setz dich ______ Schatten!
f) München ist ______ Süden von Deutschland.
g) Geh jetzt nicht ______ Schnee! Du hattest doch bis gestern Fieber.
h) Die Wäsche trocknet ______ Wind.

## 5.3. Übersicht

| | Beispiel | Wo?  | Wohin?  |
|---|---|---|---|
| Himmelsrichtungen | der Westen<br>der Osten | im | in den |
| Wald | der Wald<br>der Schwarzwald | in + D | in + A |
| Tal | das Tal | in + D | in + A |
| Gebirge | das Gebirge<br>die Berge (Pl.)<br>die Alpen (Pl.) | in + D | in + A |
| Wetter | der Regen<br>die Sonne | in + D | in + A |
| Berg, Gipfel | der Berg<br>der Olymp<br>der Mount Everest | auf + D | auf + A |
| Wiese | die Wiese<br>die Theresienwiese | auf + D | auf + A |
| Land ( ≠ Stadt) | das Land | auf dem Land | aufs Land |

# 6 Städte

## 6.1. In der Stadt

Die meisten der folgenden Präpositionen können mit dem Dativ und mit dem Akkusativ verwendet werden.
*in, auf, an* usw. + **Dativ** bei Verben, die keine Bewegung ausdrücken (wo? ◯),
*in, auf, an* usw. + **Akkusativ** bei Verben, die Bewegung in eine Richtung ausdrücken (wohin? ⟶).

**in**

***in*** **+ Dativ / Akkusativ**

- mit geschlossenen Gebäuden oder abgegrenzten Räumen
  Ich war gestern von 9.00 Uhr bis 12.30 Uhr **in der** Bibliothek.
  Wir haben lange **im** (= in dem) Bahnhof gewartet, weil der Zug nach Berlin Verspätung hatte.
  Um wie viel Uhr gehst du morgen **ins** (= in das) Büro?
  Jedes Jahr gehen viele Familien **in den** Berliner Zoo.

  Zu den geschlossenen Gebäuden und abgegrenzten Räumen gehören auch die Nomen ***das Stadion, das Schwimmbad, der Park*** und ***der Garten***, weil sie bestimmte Grenzen, einen Zaun oder eine Mauer haben.

  Viele Fans gehen jedes Jahr **in die** Allianz Arena in München.
  Ich schwimme nicht gern **im** Schwimmbad.
  Im Sommer essen wir abends **in** unser**em** Garten.
  Familie Bloch geht oft **in den** Park.

- mit dem Nomen ***die Straße*** in Adressen
  Familie Zimmer wohnt **in der** Josef-Simon-Straße 29.
  Das Theater des Westens in Berlin ist **in der** Kantstraße 12.

- mit den Nomen ***die Stadt*** (für das Stadtzentrum), ***das Zentrum, die Stadtmitte***

  Lisas Freund wohnt **im** (= in dem) Zentrum von Nürnberg.
  **In der** Stadtmitte gibt es viele teure Geschäfte.
  Kevin will **in** eine ander**e** Stadt ziehen.
  Am Samstagabend fahre ich immer gerne **in die** Stadt.

## auf

***auf*** **+ Dativ / Akkusativ**

- mit einem hohen Punkt der Stadt

  **Auf dem** Eiffelturm in Paris kann man Kaffee trinken.
  Heute will ich mit Freunden **auf die** Akropolis steigen.
  Bist du schon mal **auf den** Kölner Dom gestiegen?

- mit einem offenen, unbegrenzten Ort

  z.B.: ***der Platz, der Hof, der Sportplatz, der Marktplatz, der Campingplatz, der Schulhof*** usw.
  Dürfen die Kinder **auf dem** Schulhof Fußball spielen?
  **Auf dem** Marienplatz in München sitzen bei gutem Wetter viele Leute.
  Mein Bruder geht jeden Montag **auf den** Sportplatz.

- mit den Nomen ***der Bahnsteig, die Autobahn, die Straße***
  **Auf dem** Bahnsteig wartet eine Schülergruppe auf den Zug.
  Bei Ferienbeginn gibt es viele Autos **auf der** Autobahn.
  In den Großstädten können die Kinder nicht **auf der** Straße spielen.

⚠ Achten Sie auf den Unterschied:
Anna wohnt **in** der Albert-Schweizer-Straße.
Ihr Auto ist **auf** der Straße geparkt.

**an**

***an* + Dativ / Akkusativ**
- mit dem Nomen ***Ecke***
  **An der** Ecke Bachstraße und Mozartstraße ist eine Musikschule.

- mit dem Nomen ***Platz***
  Der Mailänder Dom ist **an** ein**em** Platz.

⚠ Achten Sie auf den Unterschied:
**Auf** diesem Platz ist ein alter Springbrunnen.

**An** diesem Platz ist eine Kirche.

- mit den Nomen ***Schalter*** und ***Kiosk***
  Jeden Morgen kaufe ich mir **am** Kiosk eine Tafel Schokolade.
  Gehen Sie bitte **an den** nächsten Schalter. Hier ist geschlossen.

hinter

***hinter* + Dativ / Akkusativ**

**Hinter** dies**em** Museum ist ein Park.

vor

***vor* + Dativ / Akkusativ**

Ein Kiosk ist **vor dem** Cool-Café.

neben

***neben* + Dativ / Akkusativ**

Es gibt eine Buchhandlung **neben** dies**er** Schule.

**zwischen**

***zwischen* + Dativ / Akkusativ**

Die Kirche steht **zwischen** zwei Kaufhäusern.

▶ mehr zu den Präpositionen *hinter, vor, neben, zwischen* in Kapitel 3

**gegenüber**

***gegenüber* + Dativ**

Ein großes Hotel ist **gegenüber der** Galerie.

⚠ Achtung! Die Präposition *gegenüber* kann auch **nach dem Nomen** stehen.
Dem Museum **gegenüber** gibt es eine Kirche.

**zu**

***zu* + Dativ**

- mit dem Verb *fahren* und einem Fahrzeug, wenn man zu einem Gebäude oder offenen Platz fährt.
  Ich fahre bei gutem Wetter mit dem Rad **zur** (= zu der) Arbeit.
  Wollen wir mit dem Bus oder mit dem Auto **zum** (= zu dem) Fußballplatz fahren?

**von**

***von* + Dativ**

- wenn man von irgendwo zurückkommt.
  Um wie viel Uhr kommt ihr denn **vom** (= von dem) Schwimmbad zurück?

- wenn man einen offenen Platz verlässt.
  Frau Berg kommt jetzt **vom** Marktplatz.

aus

***aus* + Dativ**

- wenn man aus einem Gebäude oder geschlossenen Raum herauskommt.
  Viele Leute kommen **aus dem** Kaufhaus.
  Ich komme mittags **aus der** Stadt.

⚠ Achten Sie auf die unterschiedliche Bedeutung.

Kim kommt um 17.30 Uhr **von der** Sporthalle zurück.

Kim kommt gerade **aus der** Sporthalle.

Achtung. Das Nomen *Haus* ist ein Sonderfall, wenn man es für den Wohnort verwendet.

**zu** Hause **sein / bleiben / schlafen / essen …**

Morgen Vormittag bin ich **zu Hause**.

**nach** Hause **gehen**

Tim geht jetzt **nach Hause**.

**von zu** Hause **kommen**

Kommt ihr **von zu Hause** oder von Opa?

## 48 Ergänzen Sie *in*, *an*, *auf* und die Artikel oder die Endungen.

Der Fotograf ist …

a) ___im___ Bahnhof.

b) ________________ Ecke Nelkenstraße – Rosenstraße.

c) ________________ ein____ Kirchturm.

d) ________________ ein____ Park.

e) ________________ Adenauerplatz.

f) ______________ ein___ Museum.

g) ______________ Stadtmitte.

h) ______________ ein___ Straße.

i) ______________ Bahnsteig.

## 49 Ergänzen Sie *in*, *an*, *auf* und die Artikel.

Die Touristin ...

a) geht ___in den___ Park.

b) geht ________________ Bahnhof.

c) geht ________________ Kirche.

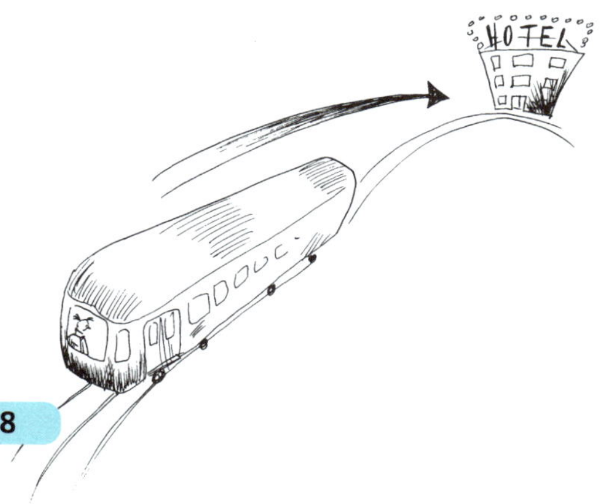


d) fährt ________________ Hotel.

e) fährt ______________ Stadion.

f) geht ______________ Kaufhaus.

g) steigt ______________ Fernsehturm.

h) fährt ______________ Tennisplatz.

**50** **Ergänzen Sie *hinter, vor, neben, zwischen, gegenüber, in* und die Artikel.**

Marcel geht oft ___in das___ Internet-Café „Enter“. Das ist ________ ________ Stadtmitte, ________ ________ Ritterstraße. ________ ________ Internet-Café ist eine Bäckerei. ________ ________ Bäckerei gibt es einen Parkplatz. ________ Bäckerei ________ ist die Buchhandlung „Kultus“. „Kultus“ steht ________ ________ Musikschule „Orff“ und ________ Kaufhaus „berg“. ________ ________ Kaufhaus gibt es einen Kiosk und ________ ________ Musikschule ist ein Spielplatz.

## 51 Woher kommen die Personen? Ergänzen Sie *von*, *von zu*, *aus* und die Artikel, wo nötig.

a) Frau Schiller kommt gerade ______ Restaurant.

b) Herr Klein kommt ______ Marktplatz.

c) Jana kommt ______ Supermarkt.

d) Leon kommt ______ Post.

e) Herr und Frau Berger kommen ______ Hause.

**52** **Ergänzen Sie die Präpositionen und – wo nötig – die Artikel oder Endungen.**

a) Morgen bin ich den ganzen Vormittag ___in der___ Stadt.
b) Komm, gehen wir ________ Garten. Es ist so warm hier drinnen.
c) Sonntags essen wir oft ________ ein___ Restaurant.
d) Sophie wohnt ________ Bachstraße, d___ Supermarkt ________.
e) Herr Rieler fährt morgens mit der U-Bahn ________ Büro.
f) In der Pause gehen viele Kollegen bei gutem Wetter ________ Hof.
g) Was hast du denn wieder ________ Kiosk gekauft?
h) Am Samstagabend bleibe ich nie ________ Hause.
i) Gehst du jetzt schon ________ Hause?
j) Um wie viel Uhr kommt Antonia denn heute ________ Schule zurück?

## 6.2. Wegbeschreibung

**zu**

***zu* + Dativ**

- wenn man fragt, wie man zu einem Gebäude oder einem Platz usw. kommt.
  Wie komme ich bitte **zum** (= zu dem) Olympiastadion?

**bis zu**

***bis zu* + Dativ**

Sie gehen **bis zur** (= zu der) Ottostraße und dann nach links.
Wie lange müssen wir noch **bis zum** (= zu dem) Stadion fahren?

**nach**

- mit Verben, die Bewegung in eine Richtung ausdrücken (wohin? ⟶)
- mit den Wörtern *rechts, links, oben, unten, vorn(e), hinten*
  Wir müssen hier **nach rechts** fahren.

in

*in* **+ Akkusativ**

- mit dem Nomen *die Straße*, wenn man die Richtung angeben möchte.
  Wir müssen hier **in die** zweite Straße rechts einbiegen.
  Gehen Sie links **in die** Kaiserstraße.

durch

***durch*** **+ Akkusativ**

- wenn man durch geschlossene oder abgegrenzte Räume geht/fährt.
  Sie fahren hier **durch den** Tunnel und dann nach links.
  Jeden Morgen geht Frau Krause **durch den** Park zur Arbeit.

über

***über*** **+ Akkusativ**

- wenn man über eine Straße oder einen offenen Platz geht/fährt.
  Gehen Sie **über den** Platz und dann sehen Sie die Post rechts.
  Sei bitte vorsichtig, wenn du **über die** Straße gehst.
  Wir müssen jetzt **über die** Brücke fahren, um zum Museum zu kommen.

entlang

***entlang*** **+ Akkusativ**

⚠ Diese Präposition steht immer hinter dem Nomen.
Sie gehen **diese** Straße **entlang** und so kommen Sie zum Park.

Für die Wegbeschreibung ist es gut, folgende Ausdrücke mit *um* + Akkusativ auswendig zu lernen:
**rechts / links um die Ecke**
**Rechts um die Ecke** ist unsere neue Wohnung.
Fahren Sie hier **links um die Ecke** und Sie sehen gleich die Apotheke.

## 53 Ergänzen Sie die Präpositionen.

Herr König ist Rentner und macht jeden Tag denselben Spaziergang. Er geht jeden Morgen um 8.00 Uhr aus dem Haus.

a) Zuerst geht er rechts ________________ die Ecke.

b) Dann geht er ________________ den Park.

c) An der Kreuzung geht er ________________ links ...

d) … und biegt dann ________________
die Goethestraße ein.

e) Er geht ________________ eine Brücke …

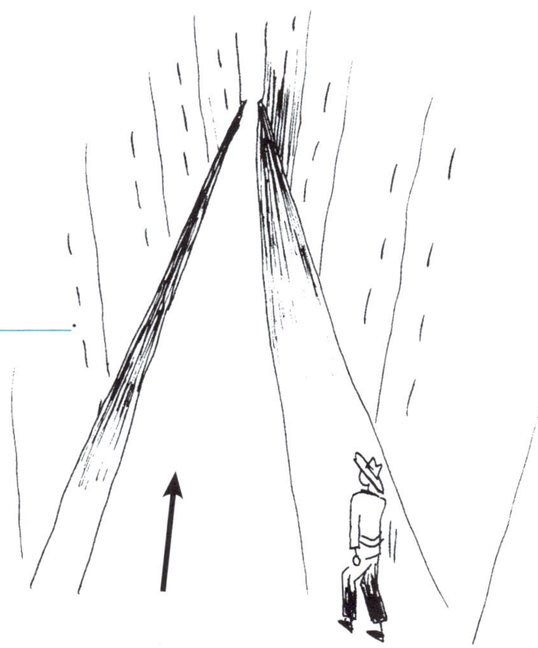

f) … und dann die Grafenstraße ________________.

So kommt er zum Karlsplatz. Dort ruht er sich eine halbe Stunde aus und fährt dann mit der Straßenbahn wieder nach Hause.

## 54 Ergänzen Sie die Präpositionen und die Artikel, wo nötig.

Kostas aus Griechenland besucht Trier und fragt nach dem Weg.

**A**

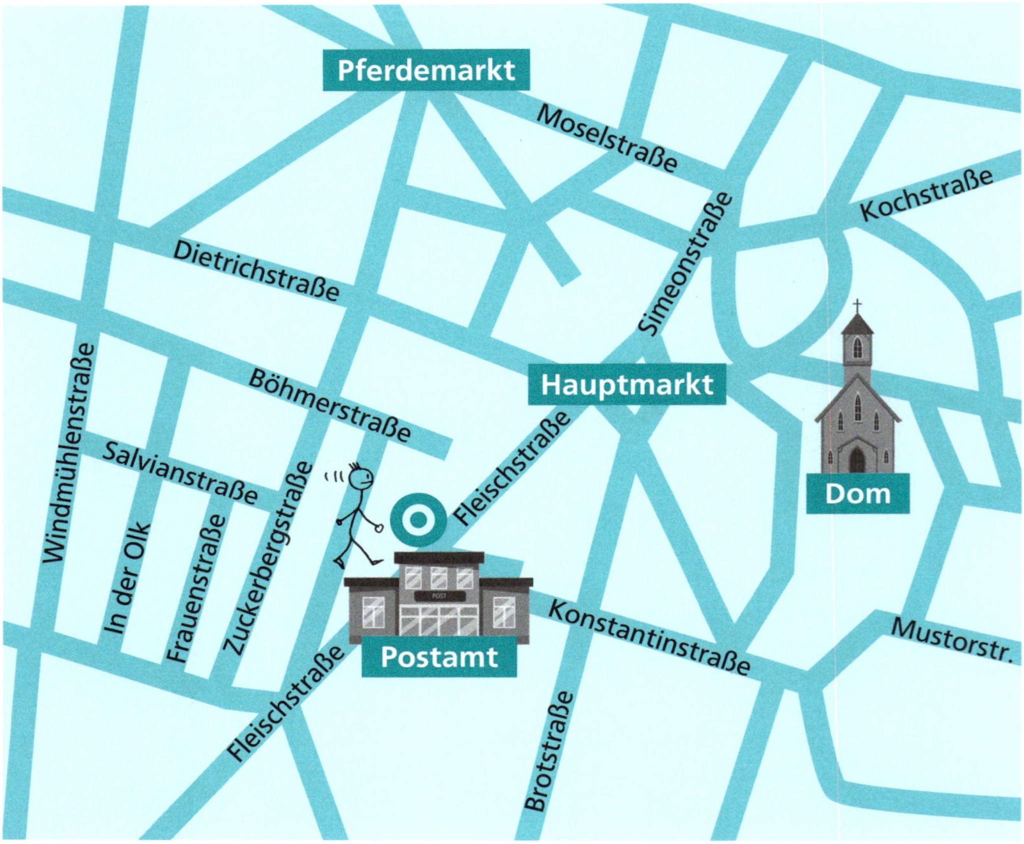


Kostas: Entschuldigen Sie ... Ich bin zum ersten Mal in Ihrer Stadt ... Wie komme ich bitte __________ Pferdemarkt?

Fußgänger: Also, das ist nicht schwer: Sie gehen die Fleischstraße __________. Dann gehen Sie __________ Hauptmarkt, dann die Simeonstraße __________, __________ __________ Moselstraße. Sie biegen __________ Moselstraße links ein und Sie sehen den Pferdemarkt.

Kostas: Vielen Dank!

Fußgänger: Bitte schön! Viel Spaß in unserer Stadt!

B

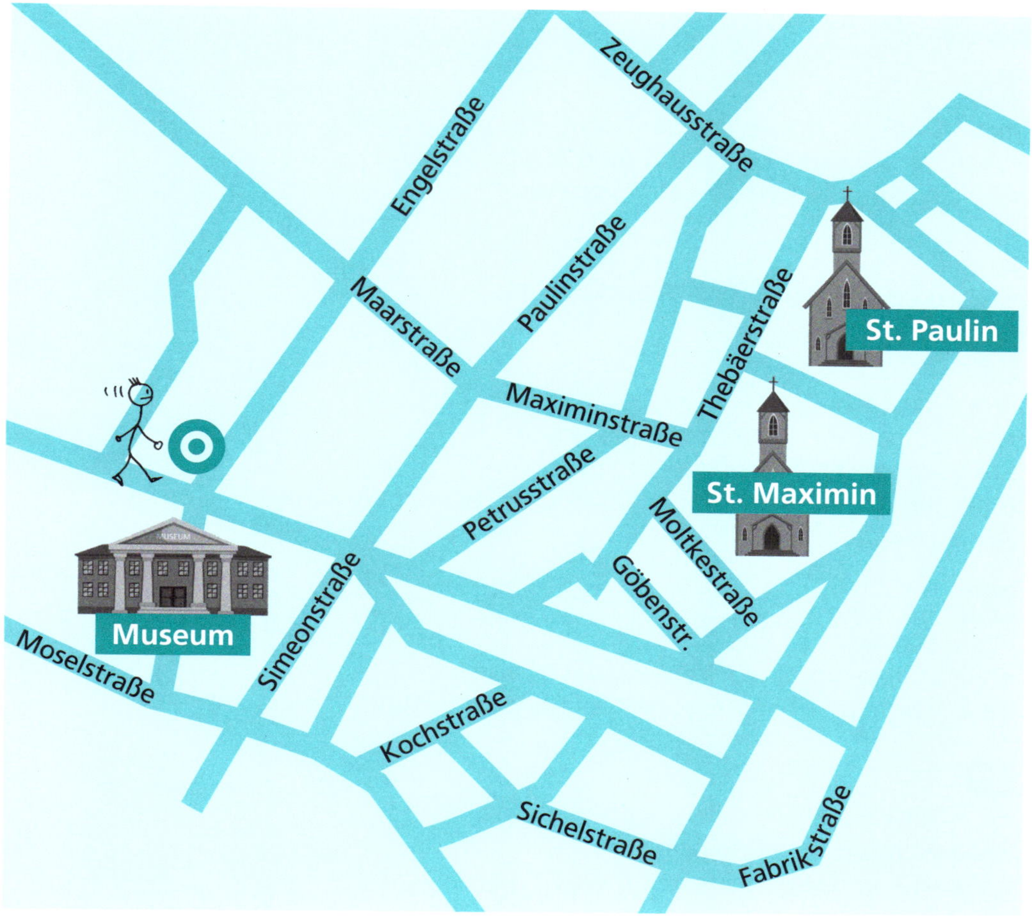


Kostas: Guten Tag! Wie komme ich bitte __________ St.-Paulin-Kirche?

Fußgänger: Guten Tag! Hm ... St.-Paulin-Kirche ...
Also, Sie gehen hier rechts __________ Ecke.

Kostas: Zuerst gehe ich also __________ rechts.

Fußgänger: Genau. Das ist die Maarstraße. Dann gehen Sie __________ Paulinstraße und kommen __________ Maximinstraße. Sie biegen __________ zweite Straße links ein und gehen diese Straße __________. Auf der rechten Seite ist dann die Kirche.

Kostas: Vielen Dank! Auf Wiedersehen!

Fußgänger: Bitte! Auf Wiedersehen!

## 6.3. Verkehrsmittel

**mit**

***mit* + Dativ** für die Verkehrsmittel.
Julian fährt jeden Morgen **mit dem** Bus zur Arbeit.
Am liebsten reise ich **mit dem** Flugzeug.

⚠ *zu Fuß*
Ich gehe immer **zu Fuß** zur Arbeit.

**in**

***in* + Akkusativ**
- wenn man einsteigen oder umsteigen möchte.

Steig schnell **ins** Auto. Es regnet doch.
Nimm die U7 bis Hermannplatz und steig dann **in die** U8 um, Richtung Alexanderplatz.

**aus**

***aus* + Dativ**
- wenn man aus einem Verkehrsmittel aussteigt.

Da ist Herr Braun! Er steigt gerade **aus dem** dritten Waggon aus.

**an**

***an* + Dativ** für Haltestellen
Steig **an der** Endstation aus!
Ich warte **an der** Haltestelle auf dich.

**von**

***von* + Dativ** für den Startpunkt
Der ICE nach Stuttgart fährt **von** Gleis 4 ab.

## 55 Ergänzen Sie die Präpositionen und – wo nötig – die Artikel.

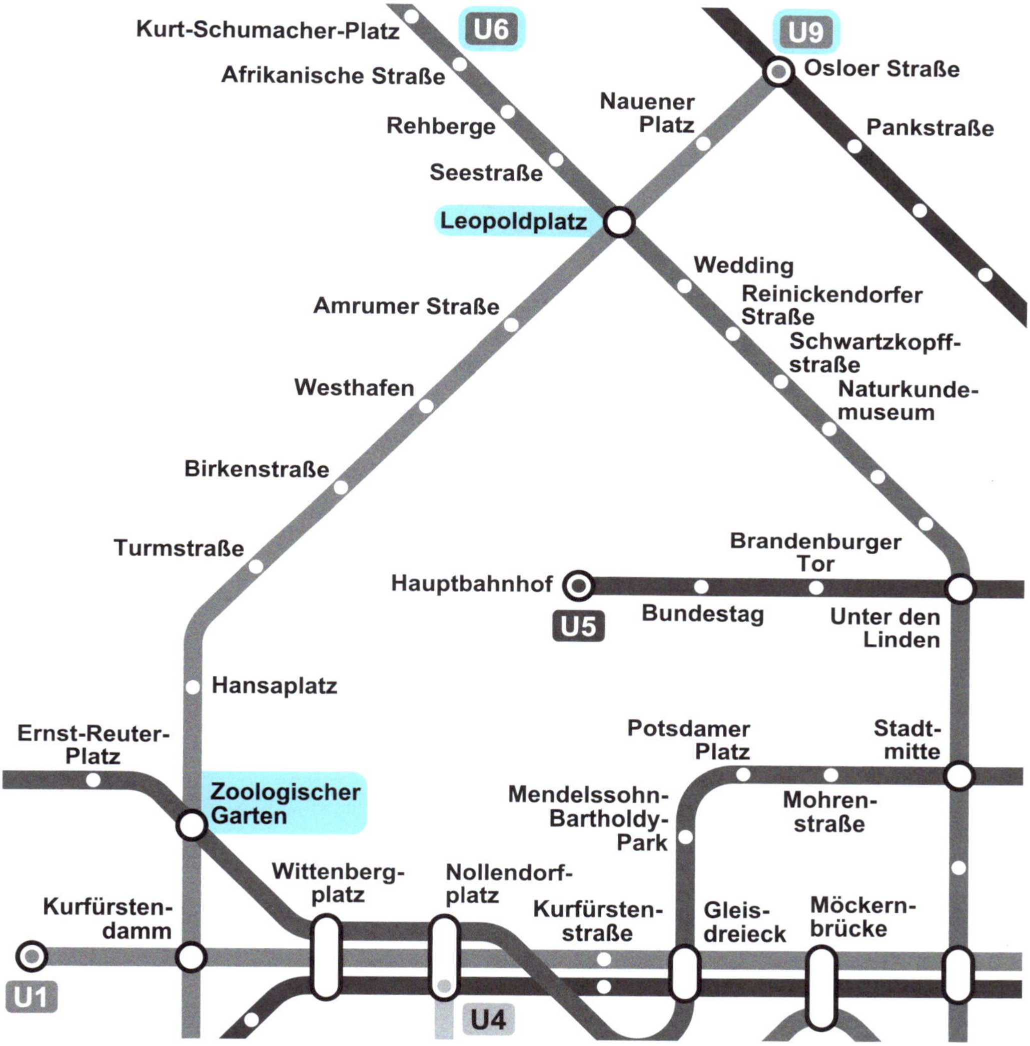


- ● Kann ich ________________ Fuß zum Zoologischen Garten gehen?
- ■ Nein, das ist zu weit. Du kannst aber ________________ Bus oder ________________ U-Bahn dorthin fahren.
- ● Ich nehme lieber die U-Bahn; das geht doch schneller.
- ■ Also pass auf, nimm die U6 bis Leopoldplatz. Dort steigst du ________________ U9 um. ________________ sechsten Station steigst du ________________ Zug aus und schon bist du am Zoologischen Garten.
- ● Schön, das ist gar nicht so kompliziert!

## 6.4. Übersicht

| | Beispiel | Wo? | Wohin? | Woher? |
|---|---|---|---|---|
| | |  |  |  |
| Gebäude und geschlossene Räume | Post, Kino Schwimmbad, Park | in + D | in + A<br>zu + D | aus + D <br>von + D  |
| offene und unbegrenzte Plätze | Hof<br>Platz | auf + D  | auf + A<br>zu + D | von + D |
| | ⚠ Platz | an + D | zu + D | |
| hohe Punkte | Turm, Dom | auf + D | auf + A<br>zu + D | von + D |
| in der Stadt | Haltestelle, Kiosk, Ampel, Kreuzung, Ecke | an + D | an + A<br>zu + D | von + D |
| | ⚠ Ecke | an + D  | um + A  | |
| | ⚠ Straße | in + D (Adresse)  | in + A 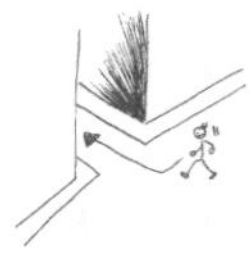 | |
| | | auf + D  | auf + A  | |
| | ⚠ Hause | zu  | nach  | von zu  |

# Präpositionen nach Kasus

| Präpositionen mit | | | |
|---|---|---|---|
| **Akkusativ** | **Dativ** | **Genitiv** | **Akkusativ<br>Dativ (Wechsel-<br>präpositionen)** |
| bis<br>durch<br>entlang<br>für<br>gegen<br>ohne<br>um | ab<br>aus<br>bei<br>gegenüber<br>mit<br>nach<br>seit<br>von<br>während<br>zu | während | an<br>auf<br>hinter<br>in<br>neben<br>über<br>unter<br>vor<br>zwischen |

# Wiederholungsübungen

**zu Kapitel 1**

## 56 Ergänzen Sie die Präpositionen.

a) + Dativ: *nach, seit,* ______

b) + Akkusativ: ______

c) + Genitiv oder Dativ: ______

d) + Dativ oder Akkusativ: ______

## 57 Streichen Sie durch, was nicht passt.

a) Seit gestern / zwei Jahren / morgen lernt er Deutsch.

b) Während der Busfahrt / übermorgen / der zweiten Stunde haben sie „Schiffchen versenken" gespielt.

c) Ab morgen / 2021 / dem 3. Mai spielt Fabian in der Fußballmannschaft.

d) Über 10 Uhr / drei Monate / ein Jahr haben wir nichts von Tim gehört.

e) Innerhalb von vier Wochen / zwei Monaten / der Arbeit ist das Baby 5 cm gewachsen.

## 58 Ergänzen Sie die Präpositionen und – wo nötig – die Artikel.

a) ______ Nachmittag müssen wir die Wohnung aufräumen.

b) Herr Alert heiratet ______ zweiten Februar.

c) ______ 8. September ist Tante Lena bei uns.

d) Ich habe ______ Geburtstag wieder tolle Geschenke bekommen.

e) Wir wollen heute ______ Seminar in ein Café gehen.

f) Was wollt ihr ______ Weihnachtsferien machen?

g) Hast du auch ______ Juni Geburtstag?

h) ______ vorgestern habe ich den Führerschein, aber ich habe Angst, Auto zu fahren.

## zu Kapitel 4

### 59 Streichen Sie durch, was nicht passt.

a) in Athen: wohnen / fahren / ankommen
b) nach Asien: bleiben / reisen / fahren
c) auf Sylt: sein / gehen / wohnen
d) in Spanien: liegen / sein / gehen
e) von Lissabon: kommen / reisen / zurückkommen
f) nach Ägypten: fliegen / fahren / ankommen
g) in den USA: fliegen / wohnen / studieren
h) in London: landen / umziehen / bleiben
i) auf die Seychellen: reisen / fliegen / sein

### 60 Ergänzen Sie die Präpositionen und – wo nötig – die Artikel.

a) Ich möchte mal so gern ________________ Kenya fahren!
b) Wir wollen unsere Sommerferien ________________ Sardinien verbringen.
c) Beckmanns kommen ________________ Deutschland, ________________ Hamburg. Nächstes Jahr wollen sie ________________ Costa Rica ziehen und sich dort ein Haus kaufen.
d) Mein Vater reist oft ________________ USA.
e) Wollen wir mal in Urlaub ________________ Italien fahren?
f) Um wie viel Uhr landet unser Flugzeug ________________ Oslo?
g) Fast jedes Jahr fahren wir in den Osterferien ________________ Alpen.
h) Herr und Frau Ikonomou haben jahrelang ________________ Bundesrepublik gearbeitet. Vor vier Jahren sind sie wieder ________________ Thessaloniki umgezogen.
i) Mönchengladbach liegt ________________ Westdeutschland, ________________ Düsseldorf.
j) Im August gibt es ________________ Kykladen viele Touristen.
k) Letztes Jahr ist Familie Janke ________________ Dorf umgezogen.

## 61 Ergänzen Sie die Präpositionen und – wo nötig – die Artikel. Die Familiennamen und die Bilder helfen dabei.

Italien England Schweden Japan
~~Frankreich~~ Deutschland Spanien

Australien Athen Niederlande ~~Iran~~
Schweiz Paris Rügen

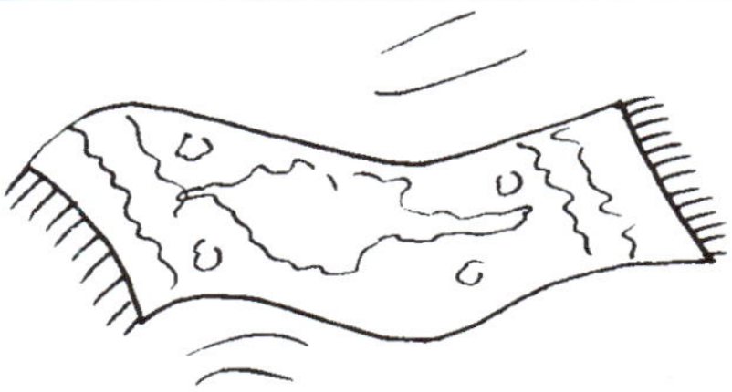

a) Herr Dupont kommt aus Frankreich und fliegt ______ ______ Iran.

b) Frau Jackson kommt ______ ______ und fliegt ______ ______.

c) Herr Kawasaki kommt ______ ______ und ist zurzeit ______ ______ ______.

d) Frau Nilsson kommt ______ ______ und reist

______ ______.

e) Herr Bauer kommt ______ ______ und wohnt

______ ______ ______.

f) Herr Ponti kommt ______ ______ und macht

______ ______ Urlaub.

g) Frau Iglesias kommt ______ ______ und fliegt

______ ______.

zu Kapitel 5

## 62 Antworten Sie und verwenden Sie Präpositionen.

| die Berge | die Wiese | das Meer | der Schnee | der Strand | der Wald |
|---|---|---|---|---|---|

a) Wo ist die Frau?

Bergen.

b) Wo ist das Schiff?

c) Wo sind die Hunde?

d) Wo gehen die Leute spazieren?

e) Wo liegen die Kinder?

f) Wo sitzen die Kamele?

## 63 Unterstreichen Sie die Verben, die den Kasus der Präpositionen bestimmen, und ergänzen Sie diese und die Artikel.

a) Frau Seel möchte im Winter nach Neuseeland fliegen. Sie möchte stundenlang *in der* Sonne liegen und lesen, ein bisschen __________ Meer schwimmen und abends __________ Strand spazieren gehen.

b) Herr Seel möchte im Frühling in die Schweiz, und zwar __________ Luganer See reisen. Er kann dort __________ Wald spazieren gehen und __________ Berge fahren.

c) Hannah (10) möchte in den Weihnachtsferien __________ Alpen fahren. Da will sie __________ Zugspitze steigen, __________ Schnee spielen und Schlittschuh laufen.

d) Lea (14) möchte in den Sommerferien __________ Süden fahren, nach Griechenland. Sie will den ganzen Tag __________ Meer schwimmen, __________ Sonne liegen und abends in einer Taverne __________ Meer essen.

e) Niklas (15) möchte im Sommer nach Irland fliegen. Er will __________ großen Wiese campen und __________ Regen spazieren gehen.

## 64 Was passt? Kreuzen Sie an.

1. Familie Meier wohnt seit einem Jahr __________ Land.
   a) im b) auf dem c) aufs
2. Gibt es __________ Schwarzwald viele Hotels?
   a) im b) auf dem c) in
3. Linz liegt in Österreich, __________ Donau.
   a) auf der b) am c) an der
4. Viele Leute steigen jedes Jahr __________ Mount Everest.
   a) auf dem b) auf den c) in den
5. Spanien liegt __________ Mittelmeer.
   a) ans b) im c) am

6. Potsdam ist _______________ Westen von Berlin.
   a) im  b) in den  c) –
7. Schau! Da fährt ein Schiff _______________ Hafen.
   a) im  b) auf den  c) in den
8. Es ist so heiß heute. Setzen wir uns _______________ Schatten!
   a) an den  b) in den  c) im

**zu Kapitel 1, 2, 6**

## 65 Ergänzen Sie die Präpositionen und die Artikel und Endungen, wo nötig.

● Nico Wiesinger.
■ Hallo, Nico. Ich bin's, Anna.
● Ach, hallo!
■ Wo bist du denn?
● _______________ Stadt,
_______________ ein ___ Café.
■ Allein?
● Nein, _______________ Felix.
■ Und wo warst du _______________ Vormittag?
Du bist ja nicht ans Handy gegangen.
● Ich war doch _______________ Sportplatz, ich hab trainiert.
■ Und was willst du jetzt machen?
● Ich gehe gleich _______________ Hause.
■ Sag mal, was machst du _______________ Abend?
● Ich bleibe wahrscheinlich _______________ Hause, ich bin nämlich müde.
■ Und _______________ Sonntagnachmittag?
Wollen wir _______________ Kino gehen?
● Hm ... ich weiß nicht ...
Weißt du, wir schreiben _______________ Montag
eine Klassenarbeit ...
■ Na gut. Dann sehen wir uns _______________
Montag _______________ Berufsschule ...
Tschüs dann.
● Tschüs.

zu Kapitel 1, 4, 6

## 66 Ergänzen Sie die Präpositionen und die Artikel oder Endungen.

Alina Schrott wohnt ______ Deutschland, ______ Nürnberg, und studiert Architektur. Sie geht gern ______ Uni, weil sie dort viele Freunde hat. Außerdem sind ihre Professorinnen und Professoren ganz nett.
Wenn das Wetter gut ist, fährt sie ______ Rad ______ Uni, wenn es regnet, fährt sie ______ Bus.
Ihr Lieblingstag ist ... Montag. ______ Montag hat sie nämlich nach der Uni Sport. Alina treibt nicht nur ______ Montag Sport, einmal ______ Woche geht sie ______ Schwimmbad und ______ Wochenende spielt sie Tennis. ______ Winter, ______ Weihnachtsferien, reist sie meistens mit ihren Freundinnen ______ Österreich. Dort fahren sie jeden Tag Ski. ______ Sommer fährt sie während der Semesterferien oft ______ Italien, ______ Insel Sizilien.

zu Kapitel 1, 2, 4, 5

## 67 Wann fahren die Personen in Urlaub, wohin fahren sie und wo wohnen sie? Ergänzen Sie die Wörter aus dem Schüttelkasten und die Präpositionen. Ergänzen Sie auch die Endungen, wo nötig.

| Ostern | August | ~~Dezember~~ | Frühling |
|---|---|---|---|

| Kreta | Paris | ~~die Alpen~~ | Dorf |
|---|---|---|---|

| ~~Hotel~~ | Campingplatz | Eltern | Hotel |
|---|---|---|---|

a) Familie Klecker fährt ___im___ ___Dezember___ ______ d____ ___Alpen___ und wohnt ______ ein____ ___Hotel___.

b) Frau Michel fährt ________________

________________ ________________

________________ und wohnt

________________ ein____

________________.

c) Lukas fährt ________________

________________ ________________

________________ und wohnt

________________ ein____ ________________.

d) Natalie fährt mit ihren Kindern ________________

________________ ________________ ein____

________________ und wohnt ________________

ihr____ ________________.

**68 Sehen Sie sich das Foto an. Ergänzen Sie dann die Präpositionen, die Artikel und die Positionsverben und Endungen.**

Frau Ebert ist Deutschlehrerin. Das hier ist ihr Arbeitszimmer.
___An der___ Wand ___hängen___ drei kleine Bilder. Ihr Schreibtisch steht ______ Wand. ______ Schreibtisch ______ vier Bücher. ______ Büchern ______ ihr Laptop. Links ______ ein Kaffeebecher. ______ Schreibtisch ______ ein schwarzer Stuhl. Eine runde Lampe ______ ______ ihr___ Schreibtisch. Eine Pflanze ______ ______ kleinen Regal ______ Wand. Frau Ebert ______ ______ Schuljahres jeden Abend ______ ihr___ Arbeitszimmer und bereitet den Unterricht vor. ______ Schulferien ist sie nicht oft im Arbeitszimmer.

**69 Was sagt die kranke Frau Bauer zu ihrem Enkel? Ergänzen Sie die Präpositionen, die Positionsverben und die Artikel und Endungen, wo nötig.**

a) Dennis, kannst du bitte die Blumen ___in die___ Vase ___stellen___?

b) Ach, und die Zeitschriften ... Kannst du sie bitte ____________ Tisch ____________?

c) Kannst du noch meine Jacke ____________ Schrank ____________?

d) Ach, noch was! Kannst du bitte das dicke Buch da ________ Regal ________?

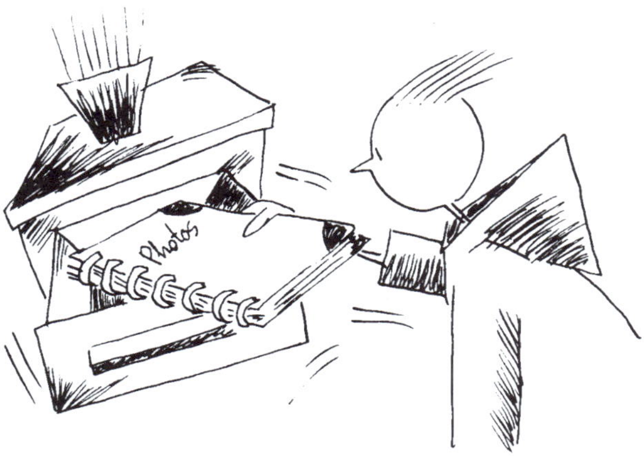


e) Und das Fotoalbum ... Kannst du es bitte ________ Schublade ________?

f) Warum stehst du denn die ganze Zeit, Dennis? Du kannst dich ruhig ________ Stuhl da ________!

g) Ach, mir ist so langweilig, Junge! Ich liege nämlich ________ ein____ Woche im Bett. Besuchst du mich morgen oder übermorgen wieder?

Ich weiß nicht, Oma ... Vielleicht ________ Wochenende. Dann geht's dir bestimmt besser.

**zu Kapitel 3, 5, 6**

## 70 Ergänzen Sie *auf* oder *in* und – wo nötig – die Artikel und die Endungen.

a) Finn studiert ___in___ Heidelberg. Hier sitzt er in sein_em_ Zimmer, ___auf dem___ Stuhl.

b) Frau Petrowa ist mit ihrem Mann __________ Küche.

c) __________ Straße ist ein Auto.

d) Diese englischen Kinder sind __________ Schulhof.

e) Familie Zou ist in Paris. Hier sind sie __________ d_____ großen Platz vom Arc de Triomphe __________ Zentrum.

f) Sehr viele Autos stehen __________ Autobahn.

g) Die Leute stehen __________ Schnee und freuen sich.

**71** **Ergänzen Sie *an* oder *in* und – wo nötig – die Artikel und die Endungen.**

a) Dieses kleine Dorf liegt ____________ Skandinavien, ____________ Meer. ____________ Hafen sind einige Boote.

b) Trondheim ist eine kleine Stadt. Es liegt ____________ Norwegen, ____________ ein___ Fluss.

c) Marie sitzt mit ihren Freunden ____________ Tisch.

d) Frau Benke arbeitet gern ____________ ihr___ Garten.

e) Es ist schön warm. Marvin sitzt ____________ Sonne.

f) Diese Straße ist ____________ New York, ____________ Stadtmitte.

zu Kapitel 1-6

## 72 Was passt? Kreuzen Sie an.

1. ● Wollen wir am Sonntag ______________ Kiel fahren?
   ■ Ja, prima.
   a) in b) nach c) zum

2. Der Zug nach Mannheim fährt ______________ 11.43 Uhr ______________ Gleis 3 ab.
   a) um / von b) gegen / in c) am / vom

3. Ich habe furchtbare Zahnschmerzen. Ich muss morgen unbedingt ______________ Zahnarzt gehen.
   a) zu b) zum c) beim

4. Unsere neue Wohnung ist ______________ Ecke Rosenthalerstraße und Rosenbergstraße.
   a) um die b) in der c) an der

5. Frau Knaus reist furchtbar gern ______________ Ausland.
   a) im b) ins c) nach

6. Lenas beste Freundin wohnt ______________ Schulstraße, dem Gymnasium ______________.
   a) in die / entlang b) in / neben c) in der / gegenüber

7. ______________ 23. Dezember ______________ 7. Januar haben die Schulkinder Weihnachtsferien.
   a) Vom / bis zum b) Von / bis c) Während / ab

8. Dieses Buch habe ich ______________ meine Mutter gekauft.
   a) bei b) für c) von

9. Bulgarien liegt nördlich ______________ Griechenland.
   a) an b) von c) in

10. ● Um wie viel Uhr kommt ihr denn ______________ Museum zurück?
    ■ Hm, so ... ______________ 12.
    a) aus dem / um b) von / an c) vom / gegen

# Alphabetisches Register

# Lösungsschlüssel

**1.** a) In b) Nach c) Vor d) vor e) In
f) nach

**2.** in in in in im mit

**3.** – im Im im in der im

**4.** im in der im im im in -er
in -er in -em im

**5.** am am in der am zu zu zum
am am am

**6.** a) ~~Monat~~
b) ~~Nacht~~
c) ~~Geburtstag~~
d) ~~Donnerstag~~

**7.** a) um b) gegen c) am d) zu

**8.** Lösungsvorschlag:
b) Um 8 Uhr.
c) Am Dienstag und am Donnerstag.
d) Zu Weihnachten.
e) Gegen 10 Uhr.

**9.** a) von bis b) vom bis zum
c) Während d) von bis e) während

**10.** b) während c) von bis d) zwischen

**11.** seit Während zwischen ab

**12.** a) seit -em b) während der c) für –
d) Seit -n e) übers innerhalb von -n
f) von bis g) über h) Ab

**13.** a) – -em der -en -n –
b) -em – – -en –
c) -er -en -n – –
d) -e -e –

**14.** a) mit b) für c) zu d) bei e) für
f) ohne

**15.** a) von -er b) bei -er c) mit -en -n
d) Ohne -en e) für -e f) von -en -n

**16.** a) für die b) zu -em c) zu -er
d) von -er e) zum f) Bei g) bei
h) ohne -e bei den i) zum

**17.** a) Zimmer b) Fenstern c) Kommode
d) Kommode Schreibtisch
e) Schreibtisch f) Bett
g) Wand

**18.** b) vor c) unter d) hinter e) auf
f) über g) neben

**19.** a) hinter b) zwischen c) über d) unter
e) an f) Neben g) Auf h) in

**20.** c) d) g)

**21.** wohin?: c) springt d) wirft g) Komm
h) kommt
wo?: b) hängt e) gibt (es) f) schläft
a) -em b) -em c) den d) das e) -em
f) dem -en g) die h) das

**22.** a) hinter das b) unter den c) Über dem
d) in die e) auf dem f) in dem / im
neben g) im / in dem h) auf dem

**23.** a) In -em b) Vor -em c) zwischen -en
d) In -er e) An -er

**24.** b) In -em Zimmer. c) In der Turnhalle.
d) In der Küche. e) Ins Kino.
f) Auf dem Boden. g) Ins Wartezimmer.
h) Auf den Baum.

**25.** b) liegen c) stehen d) sitzen e) hängen
f) stecken g) legen/setzen h) stellen
i) setzen j) hängen

**26.** a) ~~steckt~~ b) ~~sitzt~~ c) ~~Stell~~ d) ~~stehen~~
e) ~~liegt~~ f) ~~stehst~~ g) ~~legt~~ h) ~~sitzt~~

**27.** b) stehe auf c) hat gehängt an
d) hat gestellt auf e) sitzt am
f) sitzt unter
Lösungsbeispiel: b) d) f)

**28.** a) liegen b) hängt c) hängen d) setzt
e) legt f) steckt g) sitzt h) steht
i) stellt j) steckt

**29.** wohin?: a) steckst b) stellen d) hast gehängt f) Setzen Sie sich
wo?: c) stecken e) sitzt g) hängt
h) steht

a) in die b) auf den c) In -er d) an die
e) in -em f) in den g) An der
h) Zwischen der dem

**30.** b) unter dem Sessel.
c) stehen auf dem Sofa.
d) hängen an der Lampe.
e) liegt auf dem Teppich.
f) sitzt auf dem Tisch.
g) steht zwischen dem Tisch und dem Sofa.
h) liegt auf dem Boden.

**31.** b) steckt eine/die CD in die Tasche.
c) Sie stellt eine/die Gitarre an den Stuhl.
d) Sie legt die Hefte auf den Tisch.
e) Sie hängt ein/das Poster an die Wand.
f) Sie setzt einen/den Teddy in den Sessel.
g) Sie stellt ein/das Buch ins Regal.
h) Sie legt einen/den Kuli auf den Tisch.
i) Sie setzt sich auf das Sofa.

**32.** Lösungsvorschlag:
b) Auf dem Teppich. c) In das Mäppchen. d) An die Wand. e) Unter dem Fenster. f) Auf dem Schreibtisch. g) In den Schrank. h) In der Schublade. i) Auf den Fußboden.

**33.** aus aus in in nach nach in in in

**34.** a) ~~fährt~~ b) ~~lebt~~ c) ~~fliegt~~ d) ~~verbringen~~
e) ~~sind~~ f) ~~angekommen~~ g) ~~fährt~~
h) ~~fährt~~

**35.** A in in nach in nach nach nach
in nach nach nach nach nach in
B von nach aus aus nach
C nach nach über in nach von
nach

**36.** a) in bei b) bei c) nach d) von
e) Von nach/bis f) in von g) von
h) in über nach i) in in

**37.** b) auf c) nach d) in e) aus f) nach
g) nach h) von i) auf

**38.** a) der der den dem der
den den den den
b) die die die den
die die die die
c) der der den den der
der den den den

**39.** a) auf den b) in die c) in den -n
d) in die e) in der f) auf den

**40.** a) ~~ins Ausland~~
b) ~~auf einer Insel~~
c) ~~auf eine Insel~~
d) ~~in der Stadt~~

**41.** a) in -er b) ins c) in – d) in die e) im
f) auf -e g) in -em

**42.** a) am b) an -em c) im am
d) Auf -em Am e) am Im
f) am g) auf dem h) am

**43.** a) der der dem dem
b) dem -em den -em
c) den den -s die
d) -s die die

**44.** a) an der b) Am c) ans am
d) an die e) im in -em Im
f) ans g) an am an der

**45.** a) in den auf dem in den -n im
b) auf -em in -em im auf dem
c) in die in die aufs auf -e
in den auf die auf -en in –
d) auf -en auf die auf den

**46.** a) auf dem b) in die Auf dem c) im
auf -en d) auf -er Im e) im in den

**47.** a) im b) in den c) in der im d) im
e) in den f) im g) in den h) im

**48.** b) an der c) auf -em d) in -em e) auf dem f) in -em g) in der h) auf -er
i) auf dem

**49.** b) in den c) in die d) zum e) zum
f) ins g) auf den h) zum

**50.** in der in der Neben dem Hinter der
Der gegenüber zwischen der dem
Vor dem hinter der

**51.** a) aus dem b) vom c) vom d) aus der
e) von zu

**52.** b) in den c) in -em d) in der -em gegenüber e) zum f) auf den g) am h) zu i) nach j) von der

**53.** a) um b) durch/in c) nach d) in e) über f) entlang

**54.** A zum entlang über den entlang bis zur in die
B zur um die nach über die zur in die entlang

**55.** zu mit dem mit der in die An der aus dem

**56.** a) in, vor, mit, an, von, bei, zu, zwischen, innerhalb von, bis zu
b) über, für
c) während
d) ab

**57.** a) ~~morgen~~ b) ~~übermorgen~~ c) ~~2021~~ d) ~~10 Uhr~~ e) ~~der Arbeit~~

**58.** a) Am b) am c) Seit dem / Bis zum d) zum e) vor/nach dem f) in den g) im h) Seit

**59.** a) ~~fahren~~ b) ~~bleiben~~ c) ~~gehen~~ d) ~~gehen~~ e) ~~reisen~~ f) ~~ankommen~~ g) ~~fliegen~~ h) ~~umziehen~~ i) ~~sein~~

**60.** a) nach b) auf c) aus aus nach d) in die e) nach f) in g) in die h) in der nach i) in bei j) auf den k) ins / in ein

**61.** a) in den
b) aus England nach Athen
c) aus Japan in den Niederlanden
d) aus Schweden nach Australien
e) aus Deutschland in der Schweiz
f) aus Italien auf Rügen
g) aus Spanien nach Paris

**62.** a) In den b) Auf dem Meer. c) Im Schnee. d) Im Wald. e) Auf der Wiese. f) Am Strand.

**63.** a) im schwimmen am spazieren gehen
b) an den reisen im spazieren gehen in die fahren
c) in die fahren auf die steigen im spielen
d) in den fahren im schwimmen in der liegen am essen
e) auf einer campen im spazieren gehen

**64.** 1. b) 2. a) 3. c) 4. b) 5. c) 6. a) 7. c) 8. b)

**65.** In der in -em mit am auf dem nach am zu am ins am am in der

**66.** in in zur / in die mit dem zur mit dem Am am in der ins am Im in den nach Im nach auf die

**67.** a) in -ie in -em
b) im Frühling nach Paris in -em Hotel
c) im August nach Kreta auf -em Campingplatz
d) zu Ostern in – Dorf bei -en Eltern

**68.** vor der Auf dem liegen Neben den ist steht Hinter dem steht hängt über -em steht auf dem an der sitzt während des in -em In den

**69.** b) auf den legen c) in den hängen d) auf/in das stellen e) in die legen f) auf den setzen g) seit -er am

**70.** b) in der c) Auf der d) auf dem e) auf -em im f) auf der g) im

**71.** a) in am Im b) in an -em c) am d) in -em e) in der f) in in der

**72.** 1. b) 2. a) 3. b) 4. c) 5. b) 6. c) 7. a) 8. b) 9. b) 10. c)